HISTOIRES DE GOÛTS

CYRIL LIGNAC

avec Elvire von Bardeleben

HISTOIRES DE GOÛTS

Robert
Laffont

ISBN 978-2-221-24695-5
Dépôt légal : février 2020

Avant-propos

J'ai en tête l'image de l'élastique en caoutchouc. On peut le glisser entre ses doigts et tirer dessus ou le nouer dans tous les sens, il résiste.

Et puis un jour, sans qu'on s'y attende, il se rompt.

À une époque de ma vie, j'ai usé de mon corps comme d'un caoutchouc. J'ai travaillé sans compter ma peine, concentré sur les tâches sans cesse plus nombreuses à accomplir, certain qu'il était toujours possible d'en faire davantage.

Il y a quelques années encore, je pensais ainsi mon corps profondément solide, mes valeurs infaillibles, mon énergie infinie. J'étais porté par la certitude que la chance était de mon côté, que rien de grave ne pouvait m'arriver, je ne me posais aucune question : je mettais toute ma force au service de mes envies et de mes ambitions. Le destin est plus puissant que la somme déraisonnable de responsabilités que l'on s'impose.

J'en parle rarement, mais j'ai conservé ma foi d'enfant. Baptisé par mes parents, j'ai reçu une éducation catholique qui, sans faire de moi un fervent pratiquant, m'a toujours conduit à regarder le monde autrement.

Quand je parle de « destin », j'exprime ma croyance en un quelque chose qui nous dépasse et qui n'apparaît que par signes. Je suis ainsi persuadé que rien n'arrive par hasard.

Ce qu'il s'est passé, cette nuit de novembre 2016, quelques jours après que j'eus célébré mes trente-neuf ans, je l'ai donc vécu comme un signe. Cela m'a forcé à me remettre profondément en question.

À cette époque, je vis à mille à l'heure. J'ai ouvert plusieurs nouvelles pâtisseries et un nouveau laboratoire pour les alimenter, j'enchaîne les tournages pour la télévision, je suis sans cesse sollicité pour des événements. Et surtout, je m'apprête à inaugurer un nouveau lieu : le Bar des Prés, à Paris, dans le sixième arrondissement.

Comme chaque fois qu'on se lance dans une nouvelle adresse, il faut penser à tout, n'ignorer aucun détail, de la commande du savon pour les lavabos à la quête de l'emplacement idéal pour ranger les menus.

Je ne veux rien laisser passer, il faut qu'on se sente bien, que le repas soit irréprochable. Si les convives ou les clients ne sont pas satisfaits, j'en suis responsable. Un repas au restaurant est une promesse que l'on doit tenir.

Ce n'est pas ma première enseigne. J'en ai déjà ouvert trois autres. Je suis néanmoins particulièrement attaché à celle-ci, qui porte encore aujourd'hui une place spéciale dans mon cœur : il s'agit de mon projet le plus original, du plus personnel aussi en ce sens qu'il se rapproche le plus de mon idéal de restauration. Recevoir des clients aux Bar des Prés, c'est comme les recevoir à la maison.

Le lieu me fait l'effet d'être une émanation, un prolongement de moi.

Depuis cinq jours, nous invitons les amis et la famille à venir tester le Bar des Prés – dans le jargon, on dit : « *friends and family* ». Ce « *soft opening* » est un passage à la fois obligé et rassurant : il permet autant de se roder que d'obtenir des commentaires francs sur ce qu'il se passe en salle et sur le repas.

Dans l'ensemble, les remarques sont plutôt bonnes et encourageantes. Elles devraient me rassurer, pourtant l'appréhension et le trac ne passent pas. À chaque nouvelle tablée, j'essaie de mieux faire, d'améliorer encore chaque assiette qui sort de la cuisine, de perfectionner les cocktails du mixologiste.

Quand arrive le vendredi soir, je sais que je vais bientôt devoir lâcher prise. Je continue de passer en revue les menus, les verres, les couverts, les lumières et la façon dont elles éclairent la table. Je suis capable de m'énerver parce qu'une ampoule est cinq centimètres trop haut.

Je quitte enfin le restaurant aux alentours de minuit, il pleut, les gouttes sont portées par les bourrasques de novembre glacées et violentes. Dans la rue vide, rien ne perturbe l'écho de l'eau qui tombe des toits.

Je me suis levé tôt, mon corps accuse un certain manque de sommeil, mais ce n'est pas le moment d'y penser : le lendemain matin, je dois être sur pied de bonne heure pour ajuster encore une fois la carte et procéder à quelques autres réglages.

J'enfile mon casque pour ne pas me tremper les cheveux et je cours vers mon scooter, garé quelques rues plus loin.

Ceux qui conduisent des deux-roues le savent, rouler sous un rideau de pluie est une expérience particulière. En quelques secondes le corps est complètement imbibé d'eau, les vêtements semblent peser des tonnes.

La pluie obstrue la vue, la buée aussi. On tente de l'essuyer avec les gants, le résultat est rarement probant, on finit donc par ouvrir légèrement la visière du casque et accepter l'eau qui fouette le visage. On fait abstraction du froid, de l'humidité et du danger, l'esprit tout entier mobilisé vers un objectif : rester concentré pour arriver à destination, vivant, prendre une douche chaude et se glisser sous les draps.

Je laisse les Invalides derrière moi. Je roule doucement sur le bitume glissant pour ne pas tomber, les voitures qui me dépassent me trempent sans ménagement. Le feu passe au vert à mon passage, cela m'évite de freiner, et j'arrive enfin au niveau du pont.

Je sais que de, l'autre côté, le réconfort m'attend.

C'est cette pensée, sans doute, qui me distrait quelques microsecondes. Ce n'est rien, mais suffisant pour provoquer le danger dans de telles conditions – plus tard, je ne cesserai de me demander : pourquoi avoir pris mon scooter quand j'aurais pu sauter dans le métro ou commander un taxi ?

Un accident, c'est trop d'informations en trop peu de temps pour le cerveau. Il se protège, on reste dans le noir complet jusqu'au moment où l'on se réveille, par miracle dans mon cas, en vie sur la chaussée.

Les flashs reviennent alors : propulsé dans les airs par le choc, j'ai volé comme un oiseau sans ailes avant de m'écraser sur le sol. Le cœur se serre, les muscles se tendent, la chair a l'intuition que la chute sera dure.

Je suis couché sur le trottoir, la pluie tombe encore. Mon scooter se trouve à quelques mètres, je suis sans repères, hébété par la chute. La douleur ne m'atteint pas encore, l'adrénaline fait son effet. Je suis tellement sonné que j'ai plutôt l'impression d'être le témoin d'une scène sans rapport avec moi.

Je tente de me relever, mais je me rends compte que j'en suis incapable. Des restes de conscience : ne pas se mettre debout après un accident, attendre l'arrivée des pompiers. Heureusement, des passants viennent me porter secours et au bout de quelques minutes, la sirène d'une ambulance retentit enfin.

Brancard, lumières d'hôpital, opération en urgence.

Je reste une dizaine de jours à Cochin dans le treizième arrondissement de Paris. Pour moi qui suis habitué à être sans cesse en mouvement, c'est une première épreuve.

J'alterne sommeil, récupération, visite des médecins et de mes proches. Sans nuances, tous me répètent la même chose : j'aurais pu perdre une jambe, je suis un miraculé qui s'en sort avec une fracture ouverte du tibia et du péroné.

Tant d'autres, dans le même cas, n'ont pas eu ma chance. Et même si les médecins, à ce stade, n'ont encore aucune certitude quant à ma capacité à remarcher, je mesure que j'ai été épargné.

Dix jours plus tard, une ambulance me ramène à la maison. Il faudra me porter : je suis encore incapable de mouvoir ma jambe. Une infirmière passera tous les jours contrôler ma blessure.

Je dois prendre consciencieusement mes médicaments et surtout, faire une chose que je n'ai encore jamais expérimentée : me reposer, me calmer et prendre le temps de réfléchir à ce qui m'est arrivé.

Seul chez moi pendant des heures, rompu par une douleur intense et incessante à la jambe, submergé par l'angoisse de ne plus pouvoir retrouver mon existence d'avant, je dois me remettre en question.

Le stupide refus de priorité d'une voiture a failli me coûter la vie. C'est un signe, un avertissement que je décide d'écouter : si l'élastique a cassé, c'est qu'on l'a trop éprouvé.

Cette dernière décennie a été particulièrement intense et enrichissante. Mais elle m'a aussi éloigné de qui je suis. Je me suis dispersé.

Les mois avant l'accident, j'étais à cran, j'en faisais trop. Mon exigence envers moi-même était déraisonnable.

J'avais tellement envie que ce restaurant fonctionne que j'étais prêt à tous les sacrifices. Était-ce bien utile ? Quand il a ouvert, le surlendemain de ma chute, j'étais évidemment absent, assigné à résidence par le sort. Force fut de constater que le Bar des Prés fonctionnait très bien sans moi.

Rester cloué au lit pendant deux mois me donne ainsi le temps de repenser mon mode de fonctionnement. Par la force des choses, j'apprends à déléguer, à ne pas être au courant de tout. J'accepte que les problèmes puissent se régler sans que j'intervienne.

J'apprends à faire davantage confiance à ceux qui m'entourent au travail, à ne pas tout contrôler, à accepter qu'ils fassent des erreurs. Comme j'en fais moi aussi.

La vie vient de me mettre littéralement à terre et il faut que je me reconstruise. L'exigence que j'ai dans le travail, je l'applique donc à mon corps défaillant, dont je prends soin.

Chaque jour, un kiné et une infirmière viennent m'aider à travailler mon pied. J'apprends que le corps n'est pas qu'un moyen, il est aussi une fin.

Les exercices me font mal, je me sens fragile dans cette épreuve, mais je tiens bon et parviens même à y trouver du plaisir : observer au quotidien de légères mais fondamentales améliorations, apprendre que je vais pouvoir marcher à nouveau, presque comme avant.

Cela fait une drôle d'impression, à trente-neuf ans, d'avoir les mêmes ambitions qu'un nouveau-né : tenir debout tout seul, réapprendre à mettre un pied devant l'autre, s'étonner de ne pas tomber.

Des membres de l'équipe passent régulièrement m'apporter des plats à tester, mais la plupart du temps, je reste seul.

Je me retrouve en compagnie de l'adolescent contemplatif d'autrefois, capable de passer des heures à regarder le ciel changer par la fenêtre, à sentir un frisson me parcourir l'échine en me disant que j'ai eu beaucoup de chance.

Je réfléchis à ce qui me constitue au plus profond, ce qui est essentiel pour moi.

Le métier de chef de cuisine est difficile. Nous sommes tous soumis à une rude compétition. Celle de l'institution, bien sûr, cette course permanente à la distinction, à la critique gastronomique avantageuse. On n'a jamais droit à l'erreur : chaque bouchée, chaque assiette qu'on envoie est un nouveau test, soumis à un jugement immédiat et sans appel. Si on s'est trompé, si le plat n'est pas assez chaud, mal assaisonné, trop cuit, incomplet, si une arête est restée dans le poisson, si l'attente est trop longue, cela suffit pour faire mauvaise impression, pour que l'on reçoive un commentaire qui fait mal, une critique défavorable dans un journal, une mauvaise note sur un site, un Tweet assassin.

On est en permanence noté et évalué, par des anonymes comme par des proches, l'esprit n'est jamais tranquille.

Dans notre métier, il faut sans cesse convaincre. Pourquoi un client viendra-t-il déjeuner chez moi, au Bar des Prés ou au Chardenoux, plutôt qu'ailleurs ?

Pourquoi choisira-t-il les gâteaux de mes pâtisseries, mon éclair au chocolat ou mon marbré, quand une autre enseigne en vend à quelques mètres de moi ?

Au début, sans doute, il y a l'effet télévision : le public a la curiosité de juger le travail de l'énergumène qu'il voit à l'écran. Mais pour qu'il revienne, pour qu'il soit fidèle, on ne peut pas s'en contenter.

Il faut sans cesse travailler, produire, surprendre, se renouveler avant qu'il n'ait eu le temps de se lasser. C'est cette course infernale qui peut parfois nous éloigner de qui l'on est et de ce que l'on aime profondément. La vie n'a pourtant de sens que si l'on reste fidèle à son essence.

Ces mois d'hiver que je passe confiné chez moi deviennent finalement plus riches que si j'avais continué de multiplier les projets. Je renoue avec celui que je suis, avec mon histoire, avec celle de ceux qui m'ont élevé.

Bien sûr, avec le temps, j'ai changé, je me suis émancipé, je suis devenu parisien, j'ai noué des amitiés et évolué dans un monde qui n'a rien à voir avec celui où j'ai grandi. Mais ma colonne vertébrale est faite de simplicité et d'authenticité.

Les plaisirs justes, simples sont ceux qui donnent sens à la vie. Ce sont ceux de ma modeste maison de l'Aveyron, ceux de cette petite cuisine où nous nous réunissions tous autour de la table.

Quand les Guignols sur Canal Plus ont imaginé ma marionnette en 2012, ils lui ont mis dans la bouche l'expression « gourmand-croquant » qu'elle répétait à tout bout champ.

Cela m'a fait rire, c'est devenu mon slogan et même une marque que j'ai déposée. Mais au-delà de la blague, la gourmandise est un héritage familial, une façon d'injecter un peu de plaisir dans le quotidien pour le rendre plus heureux.

J'ai grandi en aidant ma mère à faire des confitures avec les fruits du jardin, en observant mon père découper un canard dont il allait récupérer chaque morceau pour en faire des conserves qui nous régaleraient tout l'hiver, en me chamaillant avec ma sœur quand nous préparions ensemble le gâteau marbré du mercredi soir.

La cuisine doit réconforter et enchanter le quotidien. Elle me structure aussi. Je n'oublie pas que mon cœur de métier, c'est d'être cuisinier, imaginer des plats qui racontent des histoires.

Je peux être à la télévision, chef d'entreprise, gérer une boîte de production, la cuisine reste au centre de mon tout. Elle est un repère, et aussi une façon de porter les traditions familiales, d'être fidèle à mon histoire, de rendre hommage à ceux qui m'ont tout appris.

Elle est aussi une façon de continuer à faire vivre, par le goût, ceux qui ne sont plus là.

Dans ce livre, donc, rien de tonitruant, ni de tapageur. Simplement une ode aux plaisirs simples qui m'ont façonné, à leurs goûts et leurs couleurs. Pour dire combien un monde gourmand est plus plaisant que tous les autres.

Le gâteau marbré

Le goût est un mystère. Il s'impose à nous sans que nous sachions pourquoi. Nous n'avons pas de prise sur lui – en quarante ans, je n'ai jamais réussi à avaler une huître sans grimacer de déplaisir –, mais nos goûts, eux, influencent notre existence.

On peut penser qu'ils ne sont qu'arbitraires. Mais dans beaucoup de cas, ils racontent des histoires. On peut détester les épinards parce qu'ils rappellent des moments frustrants où il fallait les ingurgiter à la cantine scolaire et adorer l'amande amère parce qu'il y en avait dans tous les gâteaux qu'on mangeait en rentrant de l'école.

Pour moi, les goûts sont des souvenirs. J'ai oublié des milliers de choses de mon enfance, mais une saveur ou un parfum particulier peut en faire resurgir un moment, me transporter trente ans plus tôt. Pour me ramener dans l'Aveyron, une crêpe avec un bouchon de rhum dans la pâte ou des haricots légèrement caramélisés sont ainsi plus efficaces qu'un album de photographies. Les aliments me séduisent par leur goût, mais j'aime aussi l'instant qu'ils me racontent.

Quand j'ai ouvert ma première pâtisserie et que j'ai commencé à concevoir des gâteaux avec mon chef pâtissier Benoît Couvrand, je savais que dans mon offre, il y aurait toujours un marbré au chocolat, simple, efficace, bien réalisé, que j'ai placé sous une cloche. Si les clients l'apprécient, je crois que je lui suis le plus fidèle d'entre tous.

Chaque dimanche, en fin d'après-midi, avant de rentrer chez moi profiter des dernières heures du week-end alors que le lundi se profile déjà, je passe à la pâtisserie en prendre une part. Je ne la mange pas tout de suite, mais je la déguste une fois à la maison. Le plaisir que je ressens, c'est celui du goût, mais aussi celui du souvenir.

Quand je mange ce gâteau, je suis à la fois Cyril, aujourd'hui, celui de quarante et quelques années, et le petit garçon dans sa maison de l'Aveyron. La nourriture porte la sensation si particulière du foyer de l'enfance, l'atmosphère de la cuisine écrue que mes parents avaient refaite à neuf, baignée de soleil, où papa, maman, ma sœur Céline et moi, étions toujours ensemble.

C'est presque comme s'ils étaient là, autour de cette grande table, fabriquée avec amour par mon père, ancien menuisier. Centrale, octogonale. Nous y avions chacun notre place.

C'est autour de celle-ci que ma mère nous installe, ma sœur et moi, le mercredi après-midi, chacun d'un côté, avec la mission de préparer sa propre pâte : l'une à la vanille, l'autre au chocolat.

Je dis souvent aux parents qu'il faut montrer la cuisine aux enfants. Aux yeux de ces derniers, comme aux miens alors, transformer de la farine, du sucre et des œufs en un gâteau délicieux relève de la magie. Et toutes les étapes du processus sont une fête : peser, casser les œufs sans mettre de coquille, mélanger pour obtenir une pâte lisse.

Et puis goûter, mettre son doigt dans la préparation crue et le porter à ses lèvres. C'est un réflexe qui ne m'a jamais quitté.

Ces mercredis-là, maman nous surveille, mais sans nous le faire sentir. Elle conseille, vérifie, rattrape nos erreurs, enfourne et débarrasse pendant que Céline et moi sommes occupés à nous disputer pour savoir qui va racler le fond des saladiers à la cuillère.

La réalisation de cette recette, c'est une bulle, une parenthèse enchantée à trois que rien ne trouble. Et, quand le gâteau est fini, on le dépose sur le balcon de la cuisine, pour le dévorer au petit déjeuner suivant.

La recette du marbré de mes pâtisseries n'est pas celle de maman, car j'avais envie d'en livrer ma propre version, avec l'enrobage de chocolat au lait et aux amandes.

Mais j'ai tenté de retrouver ce goût-là, ce moment de magie, comme ma mère avait le don d'en provoquer.

Mes parents sont nés dans l'Aveyron qui, à l'époque, était encore un bassin ouvrier. Mon grand-père maternel était d'ailleurs mineur, à Aubin, où il extrayait du charbon.

C'est lui qui, aussi, m'a transmis une certaine culture des produits. Il habitait une petite maison avec une cave bien garnie, où il gardait toutes les conserves qu'il réalisait. Il entretenait également un jardin communautaire où il faisait pousser des haricots et des tomates.

Mon grand-père paternel avait quant à lui des poules et des lapins. Il travaillait dans le village à côté, Viviez, pour la Vieille Montagne, une usine qui fabriquait du zinc.

L'Aveyron, dans les années 1960, était une région vivante. Les villages de mes grands-parents, on me l'a raconté, étaient notamment les poumons de toute la région. Il y avait du monde, de la vie, on se rencontrait, on sortait aussi.

Mais au fil du temps, avec les grandes mutations économiques, les mines ont fermé, la plupart d'entre elles du moins. Et quand nous rendions visite à mes grands-parents, dans les années 1980, il y avait encore un peu d'animation, mais on sentait déjà que c'était la fin d'une époque. Aujourd'hui, ces villages sont quasi morts. Lorsque j'y retourne, il ne reste que des anciens qui coulent leur retraite, les jeunes sont partis.

La ville où j'ai grandi, Onet-le-Château, a connu l'évolution inverse. C'était une petite commune rurale dans les années 1960, mais sa proximité avec Rodez et le développement d'un réseau de commerçants l'ont transformée en pôle urbain où les immeubles collectifs et les zones pavillonnaires ont poussé comme des champignons au cours des cinquante dernières années. Les deux plus grands centres commerciaux du département s'y sont implantés, le réseau de routes et d'autoroutes toujours bouchées est devenu tentaculaire.

Dans les années 1980 de mon enfance, la transition n'est pas tout à fait achevée. Notre pavillon ressemble à tous ceux du quartier : blanc, moderne, deux étages et un grenier, propret avec ses volets blancs et son toit noir. À l'époque, il a l'avantage d'être tout au bout de la rue dans une zone pas entièrement construite, et donc de bénéficier d'un vis-à-vis assez dégagé. En face, les vaches. Sur le côté, un terrain de foot.

Maman m'a eu jeune, à peine à vingt ans, alors qu'elle était encore étudiante à l'école d'infirmières de Rodez. Elle a quand même obtenu son diplôme et la naissance de ma sœur, quatre ans plus tard, ne l'a pas empêchée de travailler. Son poste à l'hôpital l'occupait beaucoup, parfois même le soir et la nuit quand elle était de garde.

Mais malgré cela, c'est elle qui faisait tourner la maison. Tout était toujours parfaitement organisé. Elle préparait les repas pour la semaine le dimanche soir, une grosse marmite de sauté de veau qu'on réchauffait les jours suivants. Elle faisait tourner le lave-linge, vérifiait nos devoirs et s'assurait qu'on ne manque jamais de rien.

Aujourd'hui, dans ma vie privée, au travail, dans mes restaurants, j'aime que tout soit parfait, je suis très exigeant envers moi-même, je ne veux pas décevoir. Je sais que cela vient d'elle.

Nous avions une relation unique. Entre elle et moi, c'était fusionnel. Quand on était ensemble, on était bien. Bien sûr, elle avait de la poigne – elle était Scorpion, comme moi – et il lui arrivait de se fâcher quand c'était nécessaire. Mais elle était profondément juste.

Je n'étais parfois pas d'accord avec elle, mais je savais qu'au fond, elle avait toujours raison. Elle possédait une véritable aura sans être jamais écrasante, au contraire ; son énergie m'a toujours nourri et rendu plus fort.

Je suis incapable de la décrire physiquement, mais beaucoup de gens nous disaient que nous nous ressemblions elle et moi. Le souvenir que je garde d'elle, c'est qu'elle était très belle, et qu'elle prenait soin d'elle. Toujours élégante.

Quand j'ai gagné de l'argent, je lui ai offert un sac Chanel. Je le trouvais joli et cela semblait être un objet que les Parisiennes appréciaient. J'imaginais aussi que recevoir un présent qui nous avait autrefois été inaccessible la ferait rêver. Elle ne l'a jamais porté, à part en une ou deux occasions et seulement pour me faire plaisir. Je m'étais trompé : elle se moquait de ce qui lui était inabordable. Ce qui la rendait heureuse était là, devant elle. C'était sa maison, ses enfants, son mari, le temps que nous passions ensemble, tous les quatre. Le reste n'avait aucune importance.

Elle aimait la vie plutôt que le matériel. Avec le temps, j'ai compris que le seul cadeau que je pouvais lui faire, c'était de passer du temps avec elle, de nous réserver des vacances ensemble, comme nous l'avons fait une fois à Marrakech, en famille.

Mon père et elle aimaient la nature, ils avaient acheté un camping-car et partaient au bord de la mer, ou en Auvergne, ils pique-niquaient, faisaient de la randonnée.

Mon père avait totalement confiance en elle et s'en remettait à son sens de l'organisation infaillible. Lui, c'était la star, mes copains l'adoraient.

Au début de sa carrière, avant que tout le monde n'aille acheter ses meubles *made in China* chez But ou Conforama, il avait été menuisier. Faute de clientèle, il a été contraint de se reconvertir et de vendre des pièces automobiles, mais il avait toujours de l'or entre les mains, et un atelier à la maison qui lui permettait de tout bricoler.

J'avais une grande admiration pour lui parce qu'il était manuel. Il était capable de s'attaquer à des projets d'envergure, comme quand il a retapé seul les combles de la maison afin de les transformer en chambres pour Céline et moi. Sinon, les vélos, les patins à roulettes, les skates ou la mobylette cassés, il savait tout réparer, et forcément, les copains étaient ravis, ils m'enviaient d'avoir un père aussi débrouillard, tolérant, mais strict quand c'était nécessaire.

Le week-end, c'était à son tour de passer aux fourneaux. Son péché mignon, c'était la bonne viande rouge. Il revenait toujours de chez le boucher en disant : « Bon, j'ai acheté du bif. » Ça voulait dire « bifteck ». Ma sœur et moi n'avons jamais compris pourquoi il l'appelait ainsi, mais cela nous faisait rire.

Lui, quand il cuisinait, devenait très sérieux. Il possédait un talent, celui d'ajouter un ingrédient qui rend les plats vraiment gourmands. La viande, il la voulait bien saignante, avec du persil et de l'ail, ce qui faisait enrager ma mère qui n'aimait pas cela. Elle râlait aussi parce qu'elle trouvait qu'il cuisinait trop gras, et il est vrai qu'il ajoutait volontiers du beurre ou de l'huile sur le « bif », ou récupérait le jus du poulet pour assaisonner les haricots verts avant de les caraméliser à la plancha avec un peu d'échalote – les meilleurs que j'aie mangés.

Et le dimanche, il aimait se faire plaisir en passant prendre des gâteaux à la boulangerie. Avec la cuisine aveyronnaise, qui est très généreuse, il était dans son élément.

La famille de mon père était nombreuse, sept frères et sœurs. Du côté de ma mère, ils n'étaient que deux, mais quand même, j'ai toujours connu des repas gigantesques où l'on était quatre-vingts, avec beaucoup de pastis et gâteaux à la broche, installés sur des barbecues géants. On prenait ces réunions familiales très au sérieux chez les Lignac.

Quand ces repas avaient lieu chez nous, nous préparions souvent des canards. Le vendredi, on les achetait chez le paysan, puis papa et maman les dépeçaient, les ouvraient. On mettait la graisse dans une grande marmite en cuivre, où l'on ajoutait les épaules, les quartiers, le magret et les gésiers. Le tout mijotait pendant deux jours, et le dimanche, c'était prêt.

L'avantage du canard, c'est qu'il permettait aussi de faire des provisions pour l'hiver. Maman préparait des bocaux avec la peau du cou du canard qu'elle farcissait de chair, avec les fritons, ou avec les foies aussi. Comme nous n'avions pas de quoi faire des foies gras entiers, elle les mélangeait à de la chair à saucisse pour faire des pâtés dans lesquels elle insérait un petit cœur de foie gras.

Beaucoup de pâté, et un peu de foie gras : cela résume bien mon enfance. Et puis le plaisir fou quand ma mère annonçait : « Je vais chercher une boîte de confit de canard. » Elle faisait revenir les pommes de terre à la poêle dans la graisse, avec un peu de cous farcis. Et quand je suis devenu parisien, chaque fois que je rentrais à la maison, elle me préparait ce plat : elle savait que rien ne me ferait plus plaisir.

Quand maman a disparu en 2014, au début, papa a arrêté de préparer des bocaux. Comme si la cuisine, c'était elle. Mais je l'ai poussé à continuer. Je le vivais comme une urgence : « Papa, il faut que tu le fasses ! C'est important. »

Je voyais cela justement comme une façon de faire perdurer nos traditions et de faire vivre encore ma mère. Quand je suis allé le voir l'été dernier dans l'Aveyron, il a rempli le coffre de ma voiture de bocaux de canard. J'étais ému aux larmes.

Aujourd'hui, à quarante-deux ans, je me rends compte que j'ai eu une chance incroyable. Mon enfance avec ma mère, mon père et ma sœur, c'était joyeux, sain, bon, protecteur. Nos parents nous ont donné beaucoup d'amour et de belles valeurs. On ne manquait de rien, on vivait bien et simplement.

On ne partait pas beaucoup en vacances, une semaine par an, mais on savait se contenter de ce qu'on avait, et c'était bien. L'été venu, nous préparions des confitures avec les baies que nous ramassions le long des chemins, l'automne, nous nous gavions de châtaignes que nous cuisions dans la cheminée, l'hiver nous cultivions un petit potager où poussaient des patates que nous accommodions avec un morceau de viande.

C'était la meilleure école : apprendre à vivre avec ce qu'on avait, sans jamais se sentir limités.

Recette du gâteau marbré chocolat-vanille

TEMPS	1 h 15 – préparation : 30 mn cuisson : 45 mn
PERSONNES	6

LES INGRÉDIENTS
Pour le cake nature

30 g de beurre doux
100 g de jaunes d'œufs (soit 5 œufs)
130 g de sucre semoule
70 g de crème liquide
100 g de farine (type 55)
2 g de levure chimique
1 gousse de vanille

Pour le cake au chocolat

30 g de beurre doux
80 g de jaunes d'œufs (soit 4 œufs)
110 g de sucre semoule
20 g de cacao en poudre
2 g de levure chimique
90 g de farine (type 55)
60 g de crème liquide

Pour l'assemblage

Farine
Beurre doux

1 L'APPAREIL À CAKE NATURE

Faire fondre le beurre. Mélanger les jaunes d'œufs tempérés dans la cuve du batteur avec le sucre. Ajouter ensuite la crème liquide, puis la farine tamisée avec la levure.

Mélanger au fouet délicatement. Incorporer enfin le beurre fondu et la vanille préalablement fendue et grattée. Réserver.

2 L'APPAREIL À CAKE AU CHOCOLAT

Faire fondre le beurre. Mélanger les jaunes d'œufs tempérés dans la cuve du batteur avec le sucre et le cacao en poudre. Ajouter ensuite la crème liquide, puis la farine tamisée avec la levure.

Mélanger au fouet délicatement. Incorporer enfin le beurre fondu. Réserver.

3 L'ASSEMBLAGE

Préchauffer le four à 165 °C (thermostat 5/6).

Beurrer et fariner le moule. Le garnir au premier quart de l'appareil nature, puis au deuxième quart de l'appareil au chocolat, et recouvrir la moitié restante de l'appareil nature.

À l'aide d'une spatule maryse, marbrer le gâteau dans ses largeurs : insérer la maryse et piquer la pâte pour créer les marbrures.

Enfourner pendant 45 minutes.

Laisser refroidir.

La truite meunière

Le premier plat que j'ai cuisiné à la maison, c'était une truite meunière. J'avais dix-huit ans, et depuis quelques semaines j'avais entrepris un CAP de cuisine. Un jour, j'ai décidé qu'il était temps pour moi de montrer à mes parents de quoi j'étais capable et de leur faire à manger. J'ai réfléchi à un plat qui ferait sens, et j'ai finalement opté pour ce classique français.

La cuisson meunière, qui requiert un peu de technique mais que j'avais apprise à l'école, c'était une manière de briller. Et la truite, c'était sentimental, car il s'agit d'un poisson que mon père adore. Souvent, le dimanche, j'allais avec mon grand-père en pêcher. Comme on n'avait pas la patience d'attendre quatre heures devant un étang pour risquer de rentrer bredouille, on choisissait plutôt la pisciculture, c'est-à-dire un grand bassin plein de truites où l'on paye en partant en fonction du poids de poissons pêchés.

J'avais prévenu mes parents que ce week-end-là, je serais aux commandes des fourneaux. J'étais assez content de mon coup, sûr de moi avec une recette qui ferait vibrer la corde sensible de mon paternel, et qui, me semblait-il, ne pouvait pas rater. J'avais tout fait dans les règles de l'art : j'avais passé mon tablier avant de tremper les truites dans le lait froid salé puis dans la farine, j'avais ôté l'excédent, mes filets étaient parfaits.

Dans notre cuisine pimpante, je m'installe donc face aux plaques de cuisson à gaz, j'allume la flamme, je commence à faire dorer mes truites en les arrosant généreusement de beurre.

Au bout d'une dizaine de minutes, j'estime qu'elles ont bien coloré, qu'il est temps de déglacer avec du jus de citron avant d'ajouter la touche finale, mes croûtons à la grenobloise. D'un geste sûr, je verse le jus de citron dans la poêle.

Mais là, boum ! Une flamme monstrueuse se dresse soudain devant moi, incontrôlable, attisée par la hotte, léchant le carrelage sur les murs, et me brûlant les mains.

Heureusement que pour cette belle démonstration de mes jeunes talents culinaires, j'avais un public alerte. Alors que j'observais abasourdi le spectacle pyrotechnique que j'avais déclenché à mon insu, mon père, lui, a eu le réflexe d'ôter la poêle du feu, et tout est rentré dans l'ordre.

J'étais habitué aux conditions de travail de l'école hôtelière, où les hottes sont plus hautes, les plans de travail plus bas, où le professeur vérifie que la flamme est bien coupée avant d'arroser d'acide le poisson.

Outre le fait que j'ai failli mettre le feu à la maison, ce n'était sans doute pas mon meilleur plat. La flamme trop intense a violenté la truite, mes croûtons étaient un peu secs. Mais je revois encore parfaitement mes deux parents finissant leur assiette.

Mon père, fan de truite et de beurre, sincère. Ma mère, faisant semblant de se régaler, car ce n'était pas un plat pour elle, qui se méfiait du gras et détestait les arêtes – je ne suis pas sûr de les avoir toutes retirées ce jour-là. Mais elle appréciait mes efforts, m'estimait, m'aimait, et c'était sa manière de me le faire savoir.

Quelques mois avant cet épisode, quand j'avais annoncé à maman que j'allais devenir cuisinier, elle s'était mise à pleurer. C'était une lumineuse journée de printemps, il commençait à faire bon, il commençait aussi à être temps de prendre une décision : qu'allais-je faire de ma vie ?

Je n'avais plus que quelques semaines avant mon brevet pour prendre une décision. Le matin, j'étais allé dans un centre d'orientation pour jeunes de l'Aveyron. Au début, noyé sous les dépliants vantant les mérites de tous les jobs possibles, j'avais plutôt été saisi de panique. Puis, au mur, j'ai repéré une liste des métiers existants que j'ai commencé à lire distraitement.

Tout à coup, j'ai vu le mot « cuisinier ». Et là, une lumière s'est allumée dans ma tête, une image s'est imposée à moi : j'ai repensé à toutes les fois où des invités venaient à la maison et au regard affectueux qu'ils posaient sur mes parents quand ceux-ci apportaient les plats à table.

Ce n'était pas seulement parce que le poulet rôti sentait bon ou que le magret avait l'air tendre, mais aussi parce que, chez nous, cuisiner était un acte de tendresse, les convives le ressentaient, et nous le rendaient.

Ce jour-là, au centre d'orientation, j'ai aussi repensé à ma tante Véro, qui savait faire des saint-honorés extraordinaires, avec une pâte feuilletée croustillante, une crème aérienne et un petit glaçage caramélisé sur le chou moelleux. Tout le monde la suppliait : « Ohlala qu'est-ce que c'est bon, donne-nous la recette ! »

Soudain, ma destinée est devenue limpide : les cuisiniers inspirent de l'amour, j'avais envie d'être aimé, j'allais devenir chef.

Je suis rentré à la maison assez fier de mon idée. J'avais hâte d'annoncer mes projets à maman qui se faisait du souci à cause de mon manque d'ambition professionnelle. Je l'ai cherchée au rez-de-chaussée ; personne. Je l'ai trouvée dans la cuisine, calée contre le radiateur mural, regardant distraitement la télévision sur le mur en face. Je me suis dit que ça allait être un bon moment, et que j'allais en profiter.

Je me suis posté face à elle, et j'ai prononcé la phrase magique : « Maman, ça y est, je sais ce que je veux faire. Je veux être cuisinier. »

Avec satisfaction, j'ai senti que le coup avait porté puisque son visage a changé d'expression : bouleversée, elle m'a regardé dans les yeux puis des larmes ont inondé ses pupilles et y sont restées suspendues.

J'espérais bien faire mon petit effet en lui annonçant ma nouvelle carrière à venir, mais je ne m'attendais pas à tant d'émotion de sa part. Troublé à mon tour, je lui ai demandé pourquoi elle était si remuée. Et elle m'a répondu : « Parce que je sais que c'est ça. C'est ça que tu vas faire. »

Il faut dire que cette annonce arrivait dans un contexte particulier. Je suis un Aveyronnais terre à terre, je suis né ainsi, j'ai besoin de concret. Aucun des enseignements théoriques qui constituent le cœur de ce qu'on apprend à l'école élémentaire et au collège en France ne trouvait grâce à mes yeux. En résumé : j'étais un très mauvais élève.

Il y a des gamins qui ne sont pas à fond dans les sciences, mais qui compensent avec les matières littéraires, ou inversement. Moi j'avais la particularité de n'être intéressé par rien. L'histoire de France me laissait indifférent, de même que savoir quel Louis XIV, XV ou XVI, s'était fait construire un château ou couper la tête.

La formule de Pythagore, je sentais très bien qu'elle n'allait jamais me servir à rien dans la vie, pas plus que les modalités de la croissance démographique en Inde ou les mouvements des plaques tectoniques. Certes, savoir placer Toulouse ou Bordeaux sur une carte de France, c'est bien.

À l'école et pendant les premières années de collège, mon manque d'intérêt pour les études ne me préoccupait pas vraiment. J'avais envie d'être dans la rue avec mes copains à faire du skate, du vélo, ou du foot, et les jours de fête, on se payait un cinéma.

Adolescent, je jouais à la console, je prenais ma mobylette, on allait à la piscine. Comme j'aimais bien être tranquille, pour éviter les ennuis avec mes parents, je guettais les bulletins qui arrivaient par courrier et je les planquais. Ma mère s'étonnait de ne pas les recevoir, je jouais l'innocent, laissant à la Poste la responsabilité de la perte.

Quand il fallait que je fasse signer mon carnet de correspondance qui mentionnait une heure de colle, je sortais mon papier-calque et j'imitais la signature de ma mère, exercice pour lequel j'avais développé un certain talent.

Finalement, à l'approche de mes quinze ans, mon oisiveté a fini par m'inquiéter. Je me disais : « Bon, Cyril, il va falloir te trouver un métier. » Je savais qu'il était hors de question que je reste dans la filière générale, j'étais trop mauvais et je n'avais aucun goût pour les matières enseignées.

Mais ma bonne volonté à me professionnaliser se heurtait à l'éternel problème : je ne voyais rien qui me tentait. Quant aux propositions de mon père… c'était peut-être encore pire que les cours de mathématiques. Il me disait : « Viens avec moi, on va monter des parpaings ! » Ou encore : « On va faire du béton ! »

J'essayais de faire un effort, mais quand je voyais la bétonnière, impossible de me motiver. Au final, je n'ai pas le souvenir d'avoir bâti beaucoup de murs, en revanche, je me rappelle le regard consterné de ma mère qui me demandait : « Il n'y a donc rien qui t'intéresse ? »

Un jour, fatigué de ces échanges, j'avais cessé d'esquiver et lui avais répondu que je voulais devenir pompier. Je me disais que c'était un métier noble. Tout le monde admire les soldats du feu. L'uniforme donne une stature, rend celui qui le porte beau et bon, le transforme en une personne respectable. Quitte à ne pas avoir de vocation, pourquoi ne pas être cet homme valeureux qui porte secours aux autres quand ils sont en danger ?

Sauf que ma mère n'était pas de cet avis. Elle avait coupé court à mes élans en répondant : « Ce n'est pas un métier, choisis autre chose. » Sur le moment, j'ai été légèrement irrité qu'elle refuse d'envisager cette éventualité, et surtout, qu'elle ne me prenne pas au sérieux. Quand, quelques mois plus tard, elle a pleuré d'émotion parce que je lui avais annoncé que je serais cuisinier, j'ai compris que ma mère me connaissait sans doute mieux que moi-même. Elle avait un sixième sens, savait ce qui me correspondait, dans quelle voie je m'accomplirais.

Après mon brevet, je suis parti au lycée hôtelier de Villefranche-de-Rouergue, une jolie ville médiévale fréquentée par les touristes pour sa collégiale au style gothique méridional. Comme c'est à trente minutes en voiture de Rodez, je me suis inscrit au pensionnat. J'aimais bien cette nouvelle vie régie par un esprit colonie de vacances : ma chambre avec un sol en lino et des lits superposés, je la partageais avec des potes, avec qui je prenais aussi mes repas et que je retrouvais le soir autour du billard et du baby-foot.

L'enseignement me motivait assez. J'avais un but – devenir cuisinier – et me trouver dans cette école avait un sens. J'ai appris pourquoi on commence une glace à la vanille par une crème anglaise, pourquoi on met les haricots dans de l'eau glacée après les avoir ébouillantés. Même les cours qui concernaient les métiers de salle m'enthousiasmaient, alors que je savais bien que je ne voulais pas faire de service.

La première année, quand je rentrais le week-end à la maison, j'étais content de retrouver mes parents, j'en profitais pour faire un peu le malin auprès d'eux, je leur racontais tout ce que j'avais appris et je sentais qu'ils étaient contents pour moi, fiers de moi. C'était le début d'un cercle vertueux.

La chocolatine

À chacun sa définition du bonheur. Chez moi, une petite dose de sucre a toujours illuminé ma journée. Les gâteaux, les crêpes, les pâtisseries, les bonbons, les chocolats, les glaces : c'est simple, j'aime tout.

À l'école, j'ai dû passer plus de temps à réfléchir à ce que j'avais envie de goûter qu'à écouter les instituteurs. En sortant du collège à Rodez, où je passais mon CAP de cuisinier, je passais toujours chez l'épicier qui était sur le chemin de l'arrêt de bus, et je lui achetais un ourson en guimauve enrobé de chocolat.

Le plaisir commençait dès l'instant où je le déballais de son papier en aluminium, jusqu'au goût de chocolat sucré – certes légèrement chimique – qui me tenait compagnie sur le chemin vers la maison.

Mais il y avait encore mieux que le nounours industriel. Certains jours, je m'offrais une vraie balade dans Rodez pour aller au Sabot de Noël. La queue était souvent longue, parce que la boulangerie attirait autant les locaux que les touristes ayant lu dans un guide que l'adresse, qui datait de l'après-guerre et où trois générations d'artisans s'étaient déjà succédé, était incontournable. Mais cet obstacle contribuait au plaisir : je songeais à ce que j'allais prendre à l'aller, je savourais mon trésor sucré au retour.

Le Sabot de Noël me faisait l'effet d'une caverne d'Ali Baba. Nichée au milieu d'une rue piétonne charmante, bordée de vieilles maisons en pierre de deux étages, la boutique était assez sombre. De l'extérieur, on ne mesurait pas le potentiel du lieu. Mais dès qu'on mettait un pied dedans, on était envahi par une délicieuse odeur de viennoiserie, parfois mêlée à celle d'un gâteau en train de cuire dans le four.

Le décor de bois patiné par les années faisait ressortir les couleurs des pâtisseries. Certaines portaient des noms poétiques, comme « feuilles d'automne », et toutes faisaient envie : les croustillants au café, les tartes soufflées aux framboises, les éclairs au chocolat brillants... Il y avait aussi des sachets de sablés et de gâteaux secs, des cakes moelleux, des brioches aérodynamiques, de petits chocolats parfaitement réguliers.

Mais mon plus grand plaisir, c'était la chocolatine. Elle était très feuilletée, un peu grasse, et le chocolat avait le goût du cacao. Même après l'avoir engloutie, je la sentais encore sur le bout de mes doigts un peu collants de beurre et de sucre. Rien à voir avec les chocolatines industrielles que ma mère rapportait du supermarché par lot de dix dans des sachets en plastique. Celles-là n'étaient pas bien bonnes, mais constituaient au moins une alternative sympathique à l'éternel pain de campagne que mes parents achetaient le lundi, et qui durait toute la semaine. Je l'aimais bien quand il était frais mais après soixante-douze heures à se dessécher dans notre cuisine, c'était une autre histoire.

Plus les jours passaient, plus je rajoutais de beurre et de Nesquik dessus pour oublier que j'étais sur le point de me casser une dent sur la croûte. Mais il était inutile de protester, cette grosse miche résumait parfaitement la philosophie de la maison : on vit simplement, on respecte le travail du boulanger, on ne gâche pas la nourriture.

Après mon CAP de cuisinier qui a duré deux ans, j'ai choisi de compléter celui-ci avec un CAP de pâtissier. Je m'étais dit : quand je serai chef, il faut que je sache tout faire, j'ai envie de maîtriser ma cuisine de l'entrée au dessert.

Lors de cette deuxième formation, j'ai appris à préparer un royal au chocolat, un gâteau classique composé d'une dacquoise (un mélange de poudre d'amande, sucre et œufs), d'un croustillant praliné et d'une ganache au chocolat montée. Pour lui donner de l'allure, on le recouvre d'un beau glaçage miroir au chocolat qui cache toutes les subtilités du montage.

De l'extérieur, il a l'air très simple, mais une fois entamé, on se rend compte de sa complexité. Cet entremets, ma mère l'adorait, et quand je le rapportais le dimanche à la maison, une fierté indescriptible s'emparait de moi. C'était mon œuvre, une preuve tangible que je n'étais pas un bon à rien – contrairement à ce que les années ratées à l'école avaient pu laisser penser. Surtout, c'était une façon de lui dire que je l'aimais.

Mon amour du sucré a été nourri par mon lien à maman, c'était notre manière de communiquer. Quand j'ai lancé ma pâtisserie avec Benoît Couvrand en 2011, j'ai su que j'allais retravailler un royal, rien que pour le plaisir de pouvoir à nouveau lui offrir.

De son côté, quand je descendais à Rodez pour Noël, elle n'oubliait jamais de me préparer une bûche roulée au chocolat. J'arrivais toujours de Paris chargé de toutes sortes de bûches de ma pâtisserie, mais elle prenait quand même la peine de préparer la sienne, et ce geste m'était destiné. Elle savait que son dessert était pour moi un repère, une source de réconfort que je retrouvais avec un plaisir toujours intact après des mois passés dans le tumulte de la capitale. Je comptais dessus comme je comptais sur l'amour maternel.

Je sais bien que sa recette n'avait rien d'exceptionnel : c'était simplement une base de biscuit aux œufs bien épais qu'elle mouillait puis cuisait au torchon avant d'ajouter une crème qu'elle préparait elle-même.

Elle aussi en était consciente, et d'ailleurs, elle me disait souvent : « Ah, j'ai raté un peu la crème » ou « malheureusement, j'ai trop cuit le biscuit ». J'étais particulièrement ému face à cet aveu modeste, cette peur de ne pas être à la hauteur alors que maman est la personne que j'ai le plus portée dans mon cœur. D'une certaine façon, cela rendait la bûche encore meilleure.

C'est un dessert que j'aurais pu reproduire facilement dès mon CAP. Je n'avais qu'à demander la recette à maman. Mais je n'ai jamais sauté le pas, ni de son vivant ni maintenant, alors que ma sœur a récupéré son carnet de recettes et s'en sert tous les jours.

J'ai toujours voulu garder intacte l'admiration que j'avais pour son gâteau. Je ne veux pas savoir comment le reproduire. Il lui appartient, là où elle est aujourd'hui.

Le craquant de cèpes à la crème d'ail

Je ne peux pas dire que je garde un souvenir inoubliable de mon CAP de pâtisserie. J'avançais, je devenais plus dégourdi, j'avais même parfois mes moments de gloire quand je rapportais un dessert réussi à la maison, mais globalement, les journées avaient tendance à se ressembler, et aucune n'offrait de réponse satisfaisante à la question qui me hantait : et après, que vais-je faire ?

Dans ce flou, il y a pourtant un après-midi qui reste gravé dans ma mémoire, celui du 25 décembre 1996. J'étais dans ma chambre, conscient qu'il aurait fallu s'attaquer à la révision des cours mais je demeurais irrésistiblement contemplatif. Cherchant sans enthousiasme dans mon sac le manuel d'anglais, je tombe sur le *Thuriès magazine*, une revue pour les professionnels de la gastronomie qu'on nous avait distribuée à l'école avant les vacances de Noël, et dont j'avais complètement oublié l'existence.

Heureux de trouver une échappatoire à la relecture du cours d'anglais, je commence à feuilleter la revue. D'ordinaire, le *Thuriès* ne présente que des chefs dont j'ai du mal à me figurer qu'ils existent vraiment tant leurs tables sont sophistiquées et éloignées du monde où j'évolue. Quand soudain, je tombe sur un article de six pages consacré à Nicole Fagegaltier et son restaurant du Vieux Pont, à Belcastel.

Belcastel se situe à vingt kilomètres de la maison, vingt minutes de voiture, une route que je connais bien pour l'avoir déjà souvent empruntée. Je scrute les photos, Nicole, dans la trentaine, l'air avenant, et son mari Bruno, un visage sympathique. Les plats ont l'air aussi raffinés que la salle, avec des fleurs sur chaque table, les nappes bien repassées. Une étoile au Michelin. Pour la première fois, un restaurant de l'autre monde, celui de la haute gastronomie, semble accessible.

Ma grand-mère venait de me donner cinq cents francs pour Noël. Quand elle a germé dans ma tête, l'idée m'a semblé une évidence : il fallait que j'aille voir de mes propres yeux cette enseigne si pleine de promesses. C'était l'occasion ou jamais de me dégourdir, et d'enfin me confronter à la grande cuisine.

Ce jour-là, je prends le téléphone et j'appelle mon ami Éric, dont la faculté à me suivre dans tous mes projets les plus farfelus m'a toujours étonné. Je lui propose de venir dîner avec moi à Belcastel, le soir même. C'est ma tournée, il accepte.

À mes parents, j'annonce : « Je vais chez Éric ce soir ! » Je n'ai pas envie de leur mentir, mais je redoute leur réaction si je leur avoue que je vais dépenser cinq cents francs dans un restaurant. Cinq cents francs, pour nous, c'était beaucoup. En tout cas, c'était une somme qu'on n'avait pas l'habitude de dilapider sur un coup de tête. Quoique dans mon esprit, cette décision est moins baroque qu'elle n'en a l'air : je pense déjà à la suite, et aux conséquences heureuses qu'une visite au restaurant du Vieux Pont pourrait m'apporter.

Belcastel est lové au fond de la vallée de l'Aveyron, dans le pays rignacois, entre les Causses et le Massif central. C'est une terre de hauts plateaux rocheux et de vallées envahies par les arbres. Pour rejoindre la ville médiévale, il faut emprunter la départementale qui traverse un paysage de carte postale, où le château du XIe siècle qui domine le village se révèle graduellement.

Ce 25 décembre, le ciel est bas, brumeux, on ne voit pas grand-chose sur la route. L'épaisseur de la nuit rend la conduite un peu dangereuse. On longe le cours sinueux des ruisseaux qui mènent à Belcastel, puis le quai surplombé par la forteresse pour enfin arriver au vieux pont du XVe siècle qui enjambe la rivière de l'Aveyron et a donné son nom au restaurant de Nicole.

C'est une de ces demeures en pierre qui font le charme de Belcastel. Le restaurant, qui est la maison d'enfance de Nicole et sa sœur Michèle, est situé sur la rive droite du cours d'eau ; de l'autre côté se tient l'hôtel. Quand je découvre la salle, elle est conforme à mes attentes : le tapis et les fauteuils en velours sont moelleux. Les panneaux de chêne et les couleurs automnales aux murs lui donnent de l'allure, tout en rappelant la nature environnante. C'est chic, mais accueillant. Je me dis que c'est l'effet que doit produire un restaurant.

Je suis un peu intimidé par la salle, le service prévenant, la belle vaisselle, parce que jamais je ne suis allé dans une enseigne de ce genre avec mes parents. La présence d'Éric me rassure, et puis je nous trouve drôles, nous, deux gamins de dix-huit ans qui débarquent dans un étoilé du fond de l'Aveyron un soir de Noël, à commander des menus dégustation que l'on va payer en espèces.

Quand les plats arrivent, le sentiment d'imposture s'envole. Il est d'abord remplacé par de l'étonnement : les saveurs, les techniques, la présentation, tout m'est étranger. Après les amuse-bouches, la première entrée servie est le craquant à la crème d'ail, une galette croustillante montée avec de l'huile de persil où la purée d'ail se mélange à la pomme de terre, et, merveilleux bonus, quelques cèpes au-dessus. Ce plat me ravit par l'équilibre des goûts, le jeu des textures, la générosité des champignons poêlés. Déjà dans le *Thuriès*, la photo du craquant, appétissant et élégant, m'avait tapé dans l'œil. Une fois en bouche, il me fait l'effet d'une révélation. C'est cette cuisine raffinée que je veux faire, et non plus le lapin sauce chasseur et la sole meunière de l'école hôtelière.

Dans l'Aveyron, à la fin des années 1990, on avait peu de chances de croiser en vrai les lieux, les gens, les événements qui peuplaient les pages des magazines. Ce qui était imprimé sur du papier glacé relevait de l'inaccessible. Pouvoir soudain passer une tête dans cet univers que j'avais cru verrouillé, sentir que l'accès n'en était finalement pas si difficile m'a donné des ailes.

Quand j'ai constaté que le repas était absolument conforme à l'image que m'en avait donnée le journal, qu'on ne m'avait pas vendu du rêve, je me suis dit qu'il était temps de saisir ma chance. Le 26 décembre, le lendemain de mon dîner au restaurant, j'ai pris le *Thuriès* dans ma chambre pour le déposer sur la table de la cuisine et le montrer à maman. Je l'ai ouvert à la page du reportage chez Nicole et je lui ai annoncé : « Tu vois maman, c'est là que j'aimerais travailler. » Elle m'a répondu : « Non mais Cyril, arrête de rêver ! »

Je sais qu'elle ne pensait pas à mal lorsqu'elle me demandait de ne pas faire de plans sur la comète. Elle était dans son rôle de mère qui essaie de protéger son garçon de la rudesse du monde. D'autant plus que j'étais rêveur, et à ce stade de mon existence, relativement velléitaire.

Pourtant, sa réponse décourageante a joué un rôle fondamental dans ma carrière. Plus maman cherchait à me faire redescendre sur terre, plus j'avais envie de lui prouver qu'elle avait tort. À son insu, elle a nourri chez moi une envie de revanche positive pour laquelle j'ai développé une énergie dont elle ne soupçonnait pas l'existence et qui m'a guidé tout au long de ma carrière.

L'envie de prouver que rien ne peut m'arrêter ne m'a jamais quitté. J'appréhende la vie en me disant que les seules limites qui existent sont celles que je m'impose. Ce qui ne signifie pas que je sois déconnecté du réel ; j'ai conscience des contraintes, et j'en tiens compte. En ce moment, j'aime courir, et je peux enchaîner cinq kilomètres sans entraînement. Si demain je voulais faire le marathon, je me donnerais un an pour progresser. Repousser ses limites demande des efforts, et je suis prêt à les faire. Cela exige du temps, mais je ne suis pas pressé.

Quand, ce jour de décembre 1996, je décroche le téléphone et compose le numéro du restaurant du Vieux Pont, je sais que j'ai mis toutes les chances de mon côté. La table est près de chez moi, elle est bonne mais pas hors d'atteinte, je ne suis pas en train de candidater au trois-étoiles de Pierre Gagnaire. J'y ai dîné la veille, l'équipe a forcément été intriguée par ce gamin de dix-huit ans qui a dilapidé toutes ses étrennes dans un repas. Je peux bien sûr me heurter à un refus, mais les probabilités me semblent maigres.

Lorsque la tonalité se met à résonner, j'ai le cœur qui bat un peu plus vite, mais j'ai confiance, je sais que je fais le nécessaire, ou plutôt, la seule chose à faire. On me passe Nicole Fagegaltier, je me lance, je sens que j'ai une bonne voix, elle ne tremble pas, elle est portée par la confiance que j'ai en ce projet.

« Bonjour madame, je suis un des deux jeunes qui sont venus manger hier soir. Je voulais vous dire que j'ai adoré. Et que je voudrais faire un apprentissage en brevet professionnel chez vous. Je ne veux pas travailler tout de suite, j'ai besoin de continuer à me former pour devenir commis. Je sais qu'après un CAP de cuisine, un CAP de pâtisserie et deux ans chez vous, je pourrai aller travailler dans un restaurant. »

Avec sa voix douce, elle me répond que son établissement ne prend pas d'apprentis. « Alors c'est l'occasion, comme ça je serai le premier. » Lorsqu'elle éclate de rire, je sens que la partie est presque gagnée. « Venez me voir demain », a-t-elle conclu.

Recette du craquant de cèpes à la crème d'ail, coulis de persil

TEMPS	2 h
PERSONNES	4

LES INGRÉDIENTS
Pour l'essence d'ail

5 gousses d'ail hachées
¼ de litre de vin blanc

Pour la pâte à craquant

1 blanc d'œuf
35 g de beurre
65 g de farine
4 cuillerées à soupe d'essence d'ail
Sel fin

Pour la crème d'ail

60 g de pomme de terre
15 g d'ail
50 g de crème
Sel fin

Pour le coulis de persil

50 g de feuilles de persil
40 g d'huile de pépins de raisin
40 g d'eau tiède
Sel fin

Pour les cèpes

1 kg de cèpes frais
200 g d'épinards

1 L'ESSENCE D'AIL

Faire bouillir le vin blanc, puis le verser dans un bocal sur l'ail haché. Fermer et laisser infuser au frais. Il peut se conserver longtemps et doit se faire à l'avance.

2 LA PÂTE À CRAQUANT

Faire un gabarit dans un carton ou un plastique fin de 9 cm de côté qui servira de pochoir pour faire des craquants réguliers. Ceux-ci peuvent être faits à l'avance et être conservés dans une boîte hermétique, dans un lieu sec.

Faire fondre le beurre. Mettre la farine dans un saladier, ajouter ensemble le blanc d'œuf, l'essence d'ail et le beurre, le sel, et bien mélanger. Laisser reposer 15 minutes.

Sur une plaque allant au four munie d'une toile de cuisson, étaler la pâte finement dans le pochoir à l'aide d'une spatule. Réaliser 12 craquants de cette manière-là, soit 3 par personne. Cuire à 170 °C (thermostat 6) pendant 15 minutes. Ils doivent être dorés.

3 LA CRÈME D'AIL

Éplucher l'ail et la pomme de terre ; les cuire ensemble comme une purée. Au terme de la cuisson, écraser sur un tamis, récupérer la pulpe, la mélanger à la crème, assaisonner. La crème d'ail doit être légèrement liquide et lisse. Réserver au chaud.

4 LE COULIS DE PERSIL

Équeuter et laver le persil. Mixer avec l'huile et l'eau. Assaisonner. Filtrer.

5 LES CÈPES

Nettoyer les cèpes, retirer la terre des pieds au couteau et, à l'aide d'un petit chiffon, la terre du chapeau et de la longueur du pied. Émincer en lamelles de 3 mm d'épaisseur. Les faire sauter vivement dans une poêle avec de l'huile très chaude. Assaisonner.

Équeuter et laver les épinards, les faire suer au beurre au dernier moment avec une pincée de sel fin.

6 LE DRESSAGE DES ASSIETTES

Dans quatre assiettes carrées chaudes, répartir les épinards bien égouttés, puis déposer une première couche de cèpes, un peu de crème d'ail, et enfin poser un craquant. Mettre un cordon de coulis de persil. Renouveler l'opération.

Le navarin d'agneau

Chez nous, dans l'Aveyron, les sports mécaniques, c'est une religion, et les rallyes, la messe. À dix-huit ans, j'étais l'heureux propriétaire d'une 205 GTI bleu marine. Apprenti, je vivais chez mes parents, et comme disait maman, « j'avais le gîte, le couvert, le repassage et la lessive ». L'argent que je gagnais partait donc essentiellement en chocolatines au Sabot de Noël et en remboursement de mon crédit pour la Peugeot. Ce que j'aimais dans cette voiture, c'était sa puissance et sa nervosité, mais je sais que pour certains, une voiture de sport, c'est forcément synonyme de frime, surtout si elle est décapotable.

Quand ce surlendemain de Noël 1996, j'arrive au Vieux Pont avec la 205, je vois dans le regard de Nicole une ombre passer. Il ne fait aucun doute qu'elle se demande : « Mais qui est ce type ? »

Son restaurant est logé au rez-de-chaussée d'une maison aveyronnaise, les appartements de la famille Fagegaltier sont à l'étage. Nicole en a hérité de ses parents, qui vivent toujours là ; elle et son mari Bruno officient en cuisine et sont parvenus à transformer une modeste auberge en restaurant gastronomique étoilé. Même si elle a pris du galon, l'enseigne est restée une affaire familiale : la sœur de Nicole, Michèle, assure le service.

Quand j'entre dans la cuisine, je suis tout de suite ébahi par le four Molteni rouge et chrome – la Rolls des fourneaux, fabriqué à la main, censé durer toute la vie. Je n'en ai jamais vu en vrai ; pour moi, c'était l'apanage des grands chefs. Grimpant l'escalier pour passer l'entretien à l'étage, dans l'appartement de Nicole, je vole plus que je ne marche : l'idée de travailler sur ce fourneau rutilant me donne des ailes.

L'échange se révèle d'une facilité déconcertante. Nicole sait qu'elle va me prendre, et j'ai moi-même assez peu de doutes à ce sujet. Elle me pose quelques questions pour la forme, je me défends assez bien, on s'entend. Je commencerai un apprentissage de deux ans à partir du mois de septembre de l'année suivante.

En tant qu'apprenti, une de mes premières tâches consiste à préparer le repas du personnel. Les plats en eux-mêmes sont assez simples à réaliser, ils font partie des classiques de la cuisine bourgeoise française : des rôtis de veau aux pruneaux, des sautés d'agneau, des poulets rôtis…

Me confier cette mission, c'est un beau geste de la part de Nicole. Elle aurait pu me faire commencer par des tâches ingrates de commis, j'aurais pu passer des matinées à détailler des tomates et à éplucher quarante kilos dc patates. C'est aussi un repas avec peu d'enjeux : si c'est raté, le personnel râle, mais ça n'entame pas la réputation du restaurant.

Malgré tout, je ressens une certaine pression parce que la famille Fagegaltier au complet s'installe autour de la table et le père de Nicole ne laisse rien passer. Il faut que ce soit bon, chaud, assaisonné, sinon, dès la première bouchée, il décrète : « C'est pas bon. »

Je me souviendrai toute ma vie de mon premier jour, celui où Nicole m'a demandé de préparer un navarin d'agneau. En théorie, c'est un plat que je dois maîtriser car je l'ai appris à l'école. Sauf que je n'en ai réalisé qu'un seul deux ans auparavant, et je ne me rappelle absolument plus de la recette.

Je n'ose pas le lui dire, et quand elle me dit d'aller prendre dans le frigo réservé aux repas du personnel les parures d'agneau, je m'exécute en silence. De toute façon, à l'époque, il n'y a pas d'échappatoire, pas moyen de vérifier sur Internet les étapes à suivre.

Nicole me regarde, me laisse prendre la grande cocotte, allumer le feu, ouvrir le sac que Bruno a préparé avec les morceaux de viande, et en renverser tout le contenu sur l'huile frétillante. Ce n'est qu'à cet instant qu'elle intervient : « Mais qu'est-ce que tu fais ? » me demande-t-elle, les yeux exorbités. « Ben, je sais pas… un navarin d'agneau ? »

Cette réponse est d'une nullité accablante, mais après tous mes efforts pour la convaincre que je suis l'apprenti idéal, je n'ai pas le courage de lui avouer que je n'ai aucune idée de ce que je fais. Ce jour-là, Nicole me montre l'exemple : prendre un peu d'agneau, le faire revenir, le sortir de la cocotte, et poursuivre ainsi jusqu'à ce que tout le contenu du sac de Bruno soit joliment caramélisé.

Les débuts chez Nicole ont été très difficiles. J'étais dans un état de stress permanent : c'était mon premier job et je voyais bien que je n'étais pas à la hauteur. Quand j'avais candidaté, j'étais pétri de bonne volonté, mais je ne m'étais pas rendu compte du niveau d'exigence. Jusque-là, j'avais fait de courts stages dans des restaurants qui n'étaient pas étoilés. Et comme j'étais encore à l'école, mon manque de professionnalisme n'étonnait personne.

Au restaurant du Vieux Pont, je me suis retrouvé enfermé dans un cercle vicieux : plus je sentais que j'étais décevant, plus j'angoissais, plus je me laissais aller. J'arrivais en retard tous les jours, je ne faisais preuve d'aucune rigueur, je n'étais pas concentré. J'attendais, pénétré d'angoisse, le couperet, le moment où Nicole allait me demander de préparer une recette que je ne saurais pas bien faire, et où je la conforterais dans sa piètre opinion de moi.

L'apprentissage est une véritable entrée dans la vie professionnelle, et donc un changement brutal. Il n'y a plus les copains pour rigoler aux blagues, mais des patrons, des chefs, des clients à satisfaire. À l'école, je n'avais jamais été très sérieux. Je n'étais pas méchant, mais filou. J'écoutais à moitié, jamais concentré, j'évitais soigneusement le premier rang. Lorsqu'on cuisinait, c'était souvent par groupes de deux, et il m'était facile de laisser le copain abattre tout le boulot pendant que je faisais le malin ou que j'étais occupé à mettre de l'ambiance dans la classe. Mon principal talent, à l'époque, c'était de m'associer avec les filles les plus douées ou les garçons les plus sérieux. J'avais toujours onze de moyenne, juste ce qu'il fallait pour valider mon année, jamais je ne brillais. Mon professeur de cuisine du lycée hôtelier, qui est devenu un ami et qui travaille toujours là-bas, m'a d'ailleurs dit récemment : « Cyril, j'aurais misé sur tout le monde, sauf sur toi. »

Un soir, après une énième journée démoralisante, en rentrant du restaurant, je suis directement allé voir maman. Je lui ai annoncé que je voulais renoncer à ce job : je n'en pouvais plus, il était clair que je n'avais pas le niveau et il valait mieux pour tout le monde que j'aille travailler ailleurs. Je n'étais pas fier de cette décision, mais je ne voyais pas d'autre issue.

Je m'attendais à ce qu'elle m'approuve, puisqu'elle avait l'habitude de penser que je n'étais pas forcément promis à un grand avenir. Mais maman m'a stupéfait en répliquant : « Alors là Cyril, même pas en rêve. Tu as signé un contrat, tu t'es engagé, donc tu vas jusqu'au bout. Il n'y a aucune autre option. » Sa réponse m'a tellement sonné que je n'ai même pas songé à argumenter, et je suis rentré penaud dans ma chambre.

C'est aussi cette conversation avec maman qui m'a donné la force de protester quand, quelques jours plus tard, Nicole m'a convoqué dans le garde-manger pour me dire : « Écoute, Cyril, c'est trop compliqué de te garder. Tu as tellement de lacunes que je passe tout mon temps à reprendre ton travail, et ce n'est pas comme ça que je vois l'apprentissage. » Je savais qu'elle avait raison, mais le sermon de ma mère résonnait encore dans ma tête, je ne pouvais pas accepter les paroles de Nicole.

Les larmes ont recouvert mon visage, j'ai tenté de me reprendre, mais je ne suis parvenu qu'à bredouiller, entre deux sanglots, que ce n'est pas possible. « Il faut me garder, vous ne pouvez pas me faire partir, je veux apprendre, je ferai tout ce que vous voudrez. Je sais que je suis nul, mais je peux faire mieux… »

Nicole, qui a un grand cœur, a été touchée, et a renoncé au projet de se débarrasser de moi. En outre, elle aussi, comme maman, c'était une femme de principes. Avoir accepté un apprenti et l'abandonner un mois après qu'il avait commencé l'ennuyait. Elle m'avait prévenu, à l'entretien d'embauche : « Si on te prend, c'est pour t'emmener jusqu'au bout. »

C'est une philosophie que j'ai ensuite appliquée à mon tour, quand je suis devenu chef cuisinier. Au Quinzième, je prenais un apprenti par an, pas plus, mais je le gardais le temps qu'il fallait pour qu'il sorte vraiment formé de mon restaurant, prêt à se lancer sur le marché du travail. Ce que Nicole a fait pour moi, j'avais le devoir de rendre à d'autres. D'autant plus qu'après les premiers mois infernaux, mon passage à l'auberge du Vieux Pont s'est révélé être une des plus belles expériences professionnelles de ma vie.

La tomate farcie

Mon apprentissage a commencé en septembre. J'ai survécu tant bien que mal jusqu'au 31 décembre, date à laquelle le restaurant a fermé trois mois pour la trêve hivernale. Quand le 1er mars arrive et que je reprends ma place en cuisine avec une certaine appréhension, Nicole m'annonce que je vais travailler en pâtisserie.

C'est un soulagement, car le poste est tout au bout de la cuisine, derrière les fourneaux et les espaces dédiés à la viande et au poisson, et il a l'avantage de ne pas être sous la responsabilité de Nicole et Bruno, mais sous celle du chef pâtissier. J'adorais le couple Fagegaltier, mais je sentais aussi que leur présence m'intimidait au point de me faire perdre mes maigres moyens. Nicole l'avait compris, et avait cherché une solution pour y remédier. Et, comme à son habitude, elle l'avait trouvée.

Et en effet, avec Vincent, j'ai pris confiance. D'une part, il était très compréhensif, d'autre part, j'avais moins peur de me tromper. Et il suffisait de pas grand-chose, puisque après trois mois passés à ses côtés, j'étais métamorphosé. Je trouvais mes repères, je commençais à prendre confiance, et enfin, j'ai pu envoyer mes premières assiettes en salle.

Le poste de pâtisserie servait aussi à préparer des entrées froides. Je me souviens très bien du jour où, pour la première fois, une de mes préparations a été servie à un client. C'était une tomate farcie avec un boulgour et une vinaigrette à l'orange. Michèle y a jeté un rapide coup d'œil pour vérifier qu'elle était conforme au niveau d'exigence de l'établissement, puis sans un mot, l'a apportée en salle. J'ai rarement éprouvé autant de satisfaction dans ma vie.

Dès que j'ai passé ce cap, je suis devenu une machine. J'apprenais, je retenais, je pouvais m'entendre dire qu'une préparation n'était pas assez bonne ou pas assaisonnée, j'encaissais sans broncher. Quand la pression montait parce que c'était le coup de feu, je sentais l'adrénaline se diffuser en moi, alors qu'auparavant je perdais mes moyens. Je voulais en être, aider l'équipe, qu'elle soit fière de moi.

Mon mode de vie a changé : je n'ai plus cessé de porter ma veste de cuisinier, je restais au restaurant les après-midi après le service pour m'améliorer dans une cuisson ou une technique. Et puisque les allers-retours avec Onet-le-Château avaient de moins en moins de sens, vu le temps que je passais à la maison, je me suis installé à Belcastel.

J'ai cessé de sortir en boîte avec les copains le samedi soir parce que je voulais être en forme pour le dimanche midi, qui était de loin le meilleur service de la semaine. Quand j'arrivais le dimanche matin, je vibrais devant les fourneaux, je n'avais qu'une hâte : que les clients arrivent et que le sprint commence. Et une fois la vague passée, je trouvais du plaisir dans le grand nettoyage et ne rentrais chez moi vers seize ou dix-sept heures.

J'avais aussi le sentiment d'avoir trouvé une deuxième famille. Je me sentais bien avec Nicole qui me rappelait ma mère ; elle aussi était forte et douce. Son mari Bruno était plus discret, presque un peu effacé, alors qu'il cuisinait divinement bien – il avait été sous-chef chez Michel Bras. J'aimais beaucoup travailler avec lui, c'était un excellent pédagogue.

Quand je suis arrivé, ils n'avaient pas encore d'enfant, et je sentais qu'ils me considéraient un peu comme tel. Parfois, je me faisais disputer par Bruno, et Nicole prenait ma défense en lui ordonnant de me parler plus doucement. Ou c'était l'inverse. Et lorsqu'ils ont eu leur fils, Paul, j'ai eu l'impression d'avoir un petit frère.

Au fur et à mesure que je progressais et que je m'intégrais, j'ai senti le regard des Fagegaltier changer. Ils m'ont fait confiance et m'ont transmis leur savoir. Faire le marché, choisir les meilleurs produits, connaître les chefs qui comptent, j'ai découvert tout un monde dont j'ignorais l'existence.

En cuisine, j'ai compris l'importance des détails, de l'assaisonnement et de la cuisson justes. Je ne créais pas encore de plats, mais j'apprenais à lever du poisson, à désosser une carcasse, à faire les jus de viande ou des foies gras. Je n'étais plus un apprenti : j'étais un membre de l'équipe. J'étais entré en religion.

Le mijoté de veau aux olives

Après vingt-sept mois chez Nicole et Bruno, je suis parti faire mon service militaire. En décembre 1999, je suis parmi les derniers à être incorporés. J'atterris dans le Lot, à Gramat, au Centre national d'instruction cynophile de la gendarmerie. Mon statut de cuisinier me vaut d'être envoyé au mess, la cantine des officiers et sous-officiers.

Pendant une petite année, sous les ordres d'un chef qui est le seul civil de la brigade, je nourris du petit déjeuner au dîner les maîtres-chiens qui vivent au centre. Je les vois arriver le matin, aller chercher leurs bêtes, et passer la journée à les dresser pour la recherche d'explosifs, de drogues ou de cadavres. Une autre planète.

D'un point de vue gastronomique, on ne peut pas dire que ce soit une expérience mémorable. C'est même un choc de passer de la table sophistiquée étoilée au self-service, de produits sublimes traités avec une rigueur absolue à la cuisine ménagère où il faut produire d'énormes quantités à un coût modéré.

Pour les soldats, qui arrivent affamés de leur expédition dans la forêt avec leur chien, je cuisine dans de grosses marmites ; on n'a évidemment pas le temps de faire des jus de viande soi-même, il faut se contenter d'utiliser des préparations déshydratées que l'on dissout dans l'eau. Je sors plus souvent une tarte aux pommes d'un emballage en plastique que je ne réalise de pâte sablée.

Il m'arrive tout de même de cuisiner quelques bons plats, en particulier pour la commandante du centre. On lui a attribué une salle à manger à part, où elle reçoit parfois des invités. C'est l'hiver, elle passe beaucoup de temps dehors dans la forêt, j'aime lui préparer des plats généreux et gourmands, qui diffusent une odeur réconfortante quand on les apporte à table, qu'on découpe directement dans la cocotte. Des rôtis de veau avec des pruneaux, une bonne sauce, des légumes rôtis, une purée onctueuse.

Je cuisine comme je le faisais pour le repas du personnel chez Nicole, et forcément, je lui prépare des sautés de veau que je maîtrise désormais parfaitement. La commandante a une préférence pour celui aux olives, avec de l'épaule bien confite, longuement mijotée dans la tomate. Je le sers avec des coquillettes et un peu de parmesan à râper à côté. Ces petits plats de campagne préparés avec amour, qui réchauffent l'âme, ont en outre l'avantage de me valoir des permanences les week-ends.

L'armée, c'est une parenthèse adorée dans ma vie. Avant d'entrer au mess, pendant un mois, j'ai fait mes classes. On m'a rasé la boule à zéro, j'ai passé l'uniforme. Il a fallu maîtriser le garde-à-vous, le « rompez », la marche au pas et en cadence, les chants militaires, la montée du drapeau. Chaque matin, on avait des cours pour se familiariser avec les grades, l'armement, les théories militaires ou l'histoire du régiment mais on étudiait aussi le secourisme et on nous dispensait une éducation civique. Dans ces enseignements, le respect, la rigueur et la bienveillance étaient un fil rouge.

Le reste du temps, on était plutôt dans la pratique : on s'entraînait à tirer avec une arme, à nettoyer un fusil – ce qui signifiait se confronter au casse-tête de le démonter puis le remonter. J'aimais ça.

L'armée apprend à vivre les uns avec les autres. À mes côtés, soumis aux mêmes règles et vivant dans les mêmes conditions, il y avait des citadins, des banlieusards, des riches, des pauvres, des bourgeois, des aristocrates, des pupilles de la nation, des croyants, des athées… je n'ai jamais retrouvé ailleurs un tel brassage de toutes les catégories sociales. Le cadre qu'on nous imposait était assez strict, il fallait que le dortoir soit propre, être ponctuel, prêt à exécuter un ordre quand il tombait, même parfois au milieu de la nuit. Mais j'ai des souvenirs de fous rires à n'en plus finir. On n'avait pas d'autre choix que d'être unis.

Le renoncement de la France à la conscription était dans l'ordre des choses, mais je regrette qu'on n'ait plus l'occasion de faire cet apprentissage sur le terrain du civisme et du vivre-ensemble. En ce qui me concerne, l'année passée à l'armée n'était pas du temps perdu. Elle m'a ouvert l'esprit.

Cette expérience a aussi résonné avec une valeur profondément ancrée en moi : le patriotisme. J'aime mon pays, son histoire, je sais la chance que j'ai eue de grandir en France, les avantages que cela procure. J'ai un immense respect pour ceux qui se sont battus et ont donné leur vie pour la patrie. En comparaison, je trouve que lui avoir consacré une petite année, ce n'est pas grand-chose. Et quand j'ai demandé si je pouvais quitter l'armée un mois plus tôt pour reprendre le travail, la commandante m'a libéré sans problème.

J'ai aussi fait une rencontre inattendue à Gramat : l'été, le centre servait de base de loisirs pour les enfants des gendarmes. Cette année-là, une jeune institutrice de Paris était venue s'occuper de la colonie de vacances ; on l'appelait « la directrice ». On s'est bien entendus, et quand je lui ai fait part de mes projets de postuler dans un restaurant de la capitale, elle a offert de m'héberger le temps qu'il faudrait pour passer des entretiens. Paris, c'était un rêve. Elle m'a permis de le concrétiser.

Recette du mijoté de veau aux olives

TEMPS	2 h 15 – préparation : 30 mn cuisson : 1 h 45
PERSONNES	4

LES INGRÉDIENTS

1 kg de veau (épaule ou collier)
Huile d'arachide ou d'olive
1 oignon
10 cl de vin blanc
2 tomates fraîches
1 gousse d'ail
1 bouquet garni
30 g de farine
1 kg de pommes de terre nouvelles
Olives noires selon votre goût
Sel, poivre

1 Couper la viande en morceaux de 50 g environ. Dans une marmite, faire chauffer l'huile et rissoler sur toutes les faces les morceaux de veau. Ajouter l'oignon ciselé, bien mélanger. Verser le vin blanc, laisser réduire. Incorporer la farine, bien mélanger. Ajouter enfin les tomates en morceaux, le bouquet garni et l'ail. Verser de l'eau à hauteur de la viande, assaisonner. Porter à ébullition, puis cuire doucement à couvert 1 heure environ.

2 Ajouter les pommes de terre épluchées au sauté, ainsi que les olives. Finir la cuisson 20 à 30 mn.

3 Servir en cocotte en parsemant d'herbes (persil, coriandre, selon votre goût).

Le kebab

À Paris, un de mes premiers chocs gustatifs fut le kebab. Je me promenais souvent du côté de Montparnasse, dont j'aimais l'animation ininterrompue et entretenue par l'écran installé sur la façade des Galeries Lafayette, les enseignes lumineuses, les cinémas, les vendeurs de gaufres, les grandes brasseries.

C'était un nouveau monde à observer dont chaque détail éveillait ma curiosité, j'avais envie de savoir ce que les gens commandaient à la terrasse des cafés, de connaître les restaurants où il y avait la queue, les films pour lesquels les Parisiens se pressaient, de me délecter des belles voitures garées devant les adresses chics. Je trouvais très exotique de constater qu'ici, après le service du soir, il y avait encore une vie nocturne.

Un jour, peu après mon arrivée dans la capitale, alors que je traversais la place du 18 juin 1940, une odeur de viande grillée m'a soudain donné faim. Elle émanait d'une enseigne bleu et jaune dont j'avais bien du mal à dire ce qu'elle vendait, car c'était la première fois que je voyais un tel dispositif : derrière son comptoir, un type taillait à l'aide d'un grand couteau des morceaux d'un cône de viande planté sur une broche à la verticale.

Aujourd'hui, il paraît incroyable de penser qu'un Français découvre l'existence du kebab à vingt-trois ans. Mais dans l'Aveyron, dans les années 1990, on n'avait ni döners, ni sushis. On mangeait tous les jours des saucisses, des sautés de veau, des côtes de bœuf, mais jamais je n'avais goûté un bol de nouilles, ni un curry.

Le kebab m'a intrigué, je me suis lancé. Et du début à la fin, l'expérience s'est avérée parfaite. Admirer le rituel du serveur taillant la viande sur la rôtissoire. Sentir le pain chaud réchauffer mes mains, croquer dans une pita moelleuse, généreusement garnie de viande grillée, rafraîchie par une sauce acidulée, une belle feuille de laitue et des tomates. Comme le kebab avait en plus le bon goût de n'être pas cher, il est vite devenu une habitude, un rituel réconfortant.

Récemment, je suis passé chez Grillé, le kebab ouvert par le boucher Hugo Desnoyer dans le quartier de l'Opéra. En respirant cette odeur familière, je n'ai pas résisté à la tentation. Et le sandwich m'a ramené vingt ans en arrière, je me suis senti comme le gamin que j'étais alors, plein d'espoir, de rêves et d'ambition, bien décidé à faire ma place à Paris.

Certains chefs fantasment à l'idée de s'installer à Londres ou de faire carrière en Asie. Moi, mon rêve américain, c'est Paris. Quand j'étais dans l'Aveyron, il n'y avait que la capitale qui comptait. Après l'armée, j'aurais pu faire le choix de la facilité et rentrer à Belcastel travailler pour Nicole et Bruno. Si j'avais voulu viser plus haut, nul besoin de chercher très loin. L'Aveyron n'était certes pas riche en kebabs, mais elle comptait des cuisiniers légendaires, tels que Michel Bras à Laguiole. Et si j'avais souhaité quitter ma région, j'aurais pu me tourner vers Le Jardin des Sens tenu par les frères Pourcel à Montpellier, sur lequel tout le petit monde de la gastronomie avait les yeux braqués parce qu'ils venaient d'obtenir trois étoiles.

Dans l'Aveyron, Paris jouit d'une aura particulière parce que c'est là que les propriétaires de bars partent faire fortune, là que les garçons de café tentent leur chance. La migration a commencé à la révolution industrielle, au milieu du XIXe siècle, quand la crise agricole et le développement du chemin de fer ont poussé les populations les plus rurales à fuir vers la capitale, où ceux qu'on appelait les « bougnats » ont d'abord exercé les métiers les plus pénibles avant de se spécialiser dans la vente de charbon et le débit de boissons.

Cela fait près de deux cents ans que chez nous, la réussite professionnelle passe par la conquête de la capitale : c'est un legs du passé, une tradition qui résonne en moi, un appel. À cette époque, je sentais que je maîtrisais la cuisine à Belcastel, où j'étais dans mon élément, en confiance avec les Fagegaltier, près de ma famille et de mes amis. Cette existence paisible et agréable aurait pu durer longtemps, et peut-être qu'à un moment, je n'aurais plus été capable d'y renoncer, de me déraciner.

Or, je voyais bien dans les magazines que je feuilletais, le *Thuriès* ou *Le Chef*, qu'il y avait un ailleurs tentant. Je lisais imprimés sur papier glacé des reportages sur des tables élégantes tenues par des brigades pléthoriques. Des images de banquets, de toques, d'amuse-bouches incroyablement sophistiqués, de plats aux saveurs inouïes, de gâteaux brillants comme des bijoux hantaient mon esprit. J'avais envie de juger de mes propres yeux ce que ce déluge de perfection valait. Il fallait partir. J'ai envoyé un CV à Alain Passard, un autre à Pierre Gagnaire, et un troisième au Crillon. Et j'ai attendu.

Je me souviendrai toute ma vie de mon arrivée à Paris. Enfant, j'avais très peu voyagé. Quand je suis parti pour la capitale, pour la première fois, j'ai pris le train de nuit depuis Rodez.

Cette nuit-là, je n'ai pas beaucoup dormi, angoissé car j'arrivais dans une ville où je n'avais aucun repère, mais excité à l'idée d'avoir deux entretiens prévus, d'être attendu par la directrice à Paris. Au matin, en sortant du wagon et en foulant le bitume, ce que j'ai vu en premier, ce n'est pas elle, mais un mur de béton sur lequel était écrit, en grosses lettres capitales : GARE D'AUSTERLITZ. Un frisson m'a parcouru et je me suis dit : « Ça y est, j'y suis. »

L'Aveyron, c'est vert, c'est vallonné, il y a des champs à perte de vue, pas de trafic, pas de bruit, on peut écouter le silence. Dans certains villages, il n'y a pas plus de trois habitants, on n'est jamais dérangé par ses voisins, si tant est qu'on en ait. Même si je connaissais la réputation bruyante et agitée de Paris, il m'a fallu un peu de temps pour m'habituer à me faire bousculer sur le trottoir, klaxonner sur la chaussée, piétiner dans le métro.

La directrice m'a accueilli et mené jusqu'à sa voiture ; je la suivais sans dire un mot, regardant les panneaux d'indication, surpris par le métro aérien qui ébranlait la structure de la gare en passant. Elle m'a conduit chez elle à Issy-les-Moulineaux afin que j'y pose mes valises, avec un petit détour pour admirer la tour Eiffel.

Lorsque je suis entré dans l'immeuble de la directrice, j'ai été frappé par la petite taille de la cage d'escalier. L'appartement m'a semblé encore plus minuscule. Ça ne me dérangeait pas, au contraire, je trouvais cela charmant. J'essayais de comprendre, de me faire à l'idée que moi aussi, j'allais être Parisien et devrais apprendre à vivre ainsi.

Les entretiens se sont déroulés avec une simplicité déconcertante. Quand je suis arrivé au Crillon, place de la Concorde, j'ai été submergé par le poids du palace, tout en marbre et dorures, et la cuisine trop grande, trop intimidante. J'avais besoin d'une équipe plus restreinte pour me sentir à l'aise. Après le Crillon, je me suis rendu à l'Arpège, le restaurant d'Alain Passard, rue de Varenne. Les proportions de la cuisine étaient équivalentes à celles de Belcastel, la salle était chaleureuse, le sous-chef très accueillant. Il était sur le point de quitter Paris et m'a proposé de reprendre son appartement qui était deux rues plus loin. J'ai dit oui sans hésiter.

Accepter une offre alléchante, c'était facile. Le plus dur était à venir. Quand je suis rentré dans l'Aveyron et que j'ai annoncé à maman : « Ça y est, je monte à Paris », j'ai éprouvé de la fierté, mais aussi un pincement au cœur à mettre tant de distance entre ma famille et moi. Elle n'a pas protesté, s'est contentée de me demander si j'étais sûr de mon choix. Ce n'était pas le moment de flancher.

Mes parents m'ont prêté leur Renault 21 blanche pour faire le voyage. Dans la voiture, j'ai chargé des affaires assez disparates. Des vêtements, mais aussi un petit frigo, une télé pas trop encombrante (pour l'époque du moins), quelques conserves… J'ai mis mon plan de Paris acheté exprès pour l'occasion à portée de main, sur le siège passager. La route était simple, je l'avais bien en tête : rouler jusqu'à Séverac-le-Château, puis l'A75 en direction de Clermont, passer Bourges, Orléans, tomber sur l'A10 et la poursuivre jusqu'à l'arrivée à Paris par la porte d'Orléans. Au moment de partir, j'ai retenu mes larmes, sur la route, j'ai serré les dents.

J'avais rendez-vous avec le sous-chef d'Alain Passard à l'appartement qu'il me laissait. C'était rive gauche, une jolie petite rue dans le septième arrondissement des grandes avenues et des ministères. Dans ce quartier, les immeubles en pierre de taille datent pour la plupart du tournant du XXe siècle, ils rivalisent d'opulence, assument fièrement leurs étages supplémentaires et la débauche d'ornements qui les distinguent de leurs cousins haussmanniens.

Quand j'ai garé la Renault 21 devant le 10, rue Oudinot, j'ai levé la tête et ai été ébloui par ces bow-windows élégants, les bacs de géraniums aux balcons, la pierre taillée comme de la dentelle. La lourde porte cochère en verre et fer forgé s'est ouverte sur le sous-chef qui était venu m'accueillir. J'ai pénétré dans ce hall aux grands volumes, où mes pieds ont foulé un damier de pierres harmonieusement disposées, sur ma gauche une jardinière de marbre contenait des plantes vertes, à ma droite, j'ai aperçu derrière une belle double porte en chêne vitrée un escalier qui tourbillonnait autour d'un ascenseur en fer forgé. J'ai essayé d'en évaluer la taille, me demandant si le frigo pouvait entrer dedans, quand le sous-chef m'a tiré de ma réflexion pour m'entraîner au fond du corridor et m'a désigné un escalier de service étroit et sombre. « Par là », m'a-t-il dit.

J'ai fait comme si je m'attendais depuis le début à emprunter ce colimaçon. Arrivé tout en haut sous les combles, le sous-chef a sorti une petite clé de sa poche et m'a présenté mon nouveau chez-moi : neuf mètres carrés, les murs bleus comme une piscine, un parquet poussiéreux, un lit, une planche de bois posée sur des tréteaux en guise de table, un placard, une cabine de douche, un petit robinet et les toilettes sur le palier. Je n'aurais jamais imaginé que tant de choses pouvaient tenir en si peu d'espace.

J'ai ouvert la fenêtre, mes yeux sont tombés sur la tour Montparnasse, qui n'est sans doute pas le bâtiment le plus réussi de la capitale, mais cela m'était bien égal. J'étais tellement content d'être à Paris que le reste n'avait aucune importance.

Heureusement que maman n'a pas vu mon studio, elle aurait hurlé et se serait sans doute opposée à mon déménagement. Dans l'Aveyron, j'avais un superbe deux-pièces dans un immeuble neuf, cinquante mètres carrés avec de grandes baies vitrées et une terrasse d'où l'on pouvait voir la cathédrale et le viaduc de Rodez. Il possédait, comme disent les agents immobiliers, « tout le confort moderne », avec un parking au sous-sol pour ma voiture, un ascenseur, une machine à laver. Et il avait l'avantage d'être près de chez mes parents, où j'étais souvent fourré.

Le sous-chef, qui était décidément très sympathique, m'a aidé à monter mes affaires. Quand il est parti, j'ai fait un peu de rangement, tâche assez rapidement accomplie au vu de mon maigre paquetage et des ressources limitées du studio. J'ai trouvé un tiroir où poser les deux couteaux Global que maman m'avait offerts avant mon départ et que j'adorais. Puis je suis descendu faire un tour du quartier. J'ai repéré le Lavomatic, et surtout une boulangerie qui exhalait une bonne odeur de pain chaud. J'ai demandé à la vendeuse une chocolatine ; naturellement, elle n'a pas compris ce que je voulais. Je me suis excusé et ai reformulé : « Un pain au chocolat. »

En sortant, j'ai scruté l'autre boulangerie, située sur le trottoir opposé. Dix-sept ans plus tard, je l'ai achetée.

La mousseline de carotte

Alain Passard faisait un poulet qu'il cuisait non pas au four, mais à la casserole. Comme le volatile mijote doucement, sa chair n'est pas agressée, elle reste tendre et hydratée par de généreuses rasades de beurre. Le chef la découpait en morceaux pour les convives, et on descendait les carcasses dans le frigo de la chambre froide afin d'en faire des jus de viande le lendemain.

Sauf que mes petits camarades et moi en cuisine, on n'avait aucune envie de laisser filer de telles pépites ! Dès que le chef partait saluer les clients en salle à la fin du dîner, vers onze heures ou minuit, on se bousculait dans l'escalier : chacun voulait être le premier dans la chambre froide. C'était tellement bon d'être là, le ventre creux après des heures de travail intenses, à récupérer du bout des doigts les morceaux de poulet encore tièdes sur les carcasses.

Un jour, on se battait comme des idiots pour un reste de viande, quand ce qui devait arriver arriva : Alain Passard a ouvert la porte et nous a trouvés les mains dans les poulets. Je crois qu'il n'a même pas songé à nous disputer tant ça l'a fait rire. C'est un excellent chef, et surtout, il a de l'indulgence pour la gourmandise.

Tout le monde sait qu'Alain Passard est un cuisinier hors pair, mais il faut avoir travaillé à ses côtés pour se rendre compte que c'est aussi un personnage : beau et flamboyant aux fourneaux, il arrive toujours en chemise de popeline et chaussé de derbys blancs quand les autres cuisiniers préfèrent travailler en sabots de plastique, à l'aise dans des vestes pros avec des aérations sous les aisselles. Sa présence lumineuse transforme l'ambiance du restaurant, qu'il incarne véritablement.

La cuisine d'Alain Passard était un monde à part auquel, je dois l'admettre, je ne comprenais pas grand-chose. Même si Nicole à Belcastel avait une vision très subtile de la gastronomie, ses créations n'avaient rien de commun avec celles d'Alain dont l'imagination débridée ne cessait de me décontenancer. Je n'avais pas l'esprit assez ouvert pour apprécier sa capacité à remettre en question ce que la gastronomie française tenait pour acquis. Dans son genre, il était un peu révolutionnaire, et moi j'étais trop jeune, trop peu sûr de moi pour apprécier la liberté qu'il prenait, je restais campé sur mes positions, mes traditions.

Je ne comprenais pas pourquoi on cuisait des tomates aux douze saveurs dans un jus d'orange aux épices, ni comment une tomate pouvait constituer un dessert. Ce qui me semblait fou, c'était aussi sa manière de traiter les poissons : au lieu de lever un filet de bar et de le mettre dans une poêle comme tout le monde, il gardait la bête entière pour la passer au four. Cela signifiait que chaque convive ou presque allait tôt ou tard se retrouver avec un morceau de bar dans son assiette.

Alain Passard avait la maîtrise et l'assurance nécessaires pour assumer ce genre de décision, et c'est la même logique qui l'a poussé à arrêter la viande rouge et à se concentrer sur les légumes en 2001. À l'époque, les préoccupations environnementales et de santé étaient loin d'être celles d'aujourd'hui. Personne ne se souciait du bilan carbone d'une vache. Lui si.

Si je ne percevais pas la finalité des ordres qu'il donnait, je savais en revanche les exécuter : le chaud-froid d'œuf au sirop d'érable et ciboulette, la vinaigrette aigre-douce à base de citron et miel, le carpaccio de langoustine à la crème de caviar, le couscous de légumes à l'huile d'argan et merguez végétale, le mille-feuille avec une pâte feuilletée inversée… autant de mets qui m'ont marqué et que je prenais plaisir à exécuter.

À la réflexion, il n'y a qu'une recette qui m'a vraiment donné du fil à retordre, et en contrepartie, m'a laissé un souvenir impérissable. J'étais dans le labo au sous-sol qui servait à la pâtisserie et aux amuse-bouches. Une tartelette, petite, mais ardue, m'a rendu fou ! Dans cette préparation, la difficulté consiste à fabriquer une croûte de sucre, qui, une fois croquée, libère le sirop de whisky enfermé dessous. La partie supérieure de l'appareil est censée cristalliser.

Ce jour-là, j'ai beau suivre la recette à la lettre, rien ne se passe, le sucre continue de tanguer sur le sirop de whisky comme un bateau ivre. Je suis quand même obligé d'envoyer les plateaux à la cuisine centrale où Alain les attend, mais je sais qu'il va me les renvoyer au motif que le sucre est toujours liquide, et ce à raison, mais je n'ai pas de solution.

Assez désespéré, je suis prêt à tout essayer. Dans la chambre froide, mes yeux se posent sur les ventilateurs qui envoient de l'air réfrigéré. Une idée me vient : quand on met un jus de viande chaud dans une assiette froide, une pellicule se forme et durcit. Je me dis que le problème réside peut-être dans le fait que le choc thermique n'est pas assez fort. Je me rapproche des ventilateurs installés tout en haut, près du plafond, me mets sur la pointe des pieds, j'étire mon bras pour que le sucre cristallise, et j'attends. Et évidemment, c'est à ce moment-là qu'Alain entre dans la pièce. Et me demande : « Mais qu'est-ce que tu fais ? »

Mes explications le laissent incrédule. Je vois bien qu'il pense que je n'exécute pas sa recette au pied de la lettre. Sa décision de me montrer comment faire me ravit, car à ce stade, je suis assez certain que le problème ne vient pas de moi. Il reprend donc depuis le début, fabrique un nouvel appareil, le verse dans les moules et m'intime l'ordre de ne pas y toucher pendant les quinze minutes où il doit reposer ; je sens qu'il est sûr de lui, ça tombe bien, moi aussi. Finalement, un quart d'heure plus tard, le clou du spectacle : Alain vient observer la surface des tartelettes. Elle ondule toujours. Ça n'a pas cristallisé. Je sens le chef contrarié, il me dit que c'est une question de temps. Une demi-heure plus tard, statu quo. Il repousse avec humeur la plaque dans le four, puis me dit : « OK, t'as raison, ça ne marche pas. »

Voir qu'un chef aussi doué et aguerri puisse se tromper, et l'admettre, m'a fait beaucoup de bien. Je ne suis resté qu'un an chez lui, et avec le recul, je regrette de ne pas avoir prolongé l'expérience. Mais tout de même, en douze petits mois il a su me transmettre une vraie philosophie de cuisine. Mettre le produit en avant, se concentrer sur le goût avant tout, proposer des assiettes qui vont droit au but, sans fioritures. Comprendre que la cuisine, ce n'est pas seulement se nourrir, mais transmettre une émotion.

Un jour, il est venu manger au Quinzième et m'a demandé : « Tu fais simple, hein ? » Ça m'a touché, car c'était pour moi une preuve de confiance : la simplicité est l'expression la plus difficile en cuisine. Quand il y a peu d'éléments, peu travaillés, un défaut saute forcément aux yeux.

Je lui ai préparé un plat que j'aime, pour lequel j'ai toujours de l'appétit, des Saint-Jacques poêlées avec une purée de carottes délicate. La mousseline ne contient rien d'autre que des carottes cuites à l'eau, mixées avec du beurre et du curcuma. Lorsque je suis allé le voir à table, l'assiette était vide, il ne restait rien, rien que trois mots qui m'ont fait immensément plaisir : « Super ta mousseline ! » Depuis, elle est toujours restée à la carte et m'a suivi dans mes différents restaurants.

Même si j'apprenais beaucoup de choses en cuisine, il était parfois difficile d'être seul à Paris qui est une ville où tout le monde mène une vie effrénée, et chacun de son côté. La brigade d'Alain Passard regorgeait de cuisiniers sympathiques, mais on ne passait pas beaucoup de temps ensemble, ce n'était pas comme à Belcastel où l'on déjeunait et dînait ensemble.

J'ai commencé à faire des extras, autant par désœuvrement que par besoin d'argent. Quand je suis monté à Paris, mes parents m'avaient donné dix mille francs, ce qui représentait beaucoup d'argent pour nous. Cette somme m'a servi à payer mon premier mois de loyer, ainsi que la caution, et à démarrer avec le reste, soit quatre mille francs qui me restaient en poche. L'argent a vite fondu, et mon salaire ne me permettait aucune fantaisie.

Lorsqu'un collègue m'a appris l'existence de la Mutuelle des cuisiniers, qui proposait des missions ponctuelles là où on manquait de bras, j'ai sauté sur l'occasion. Les samedis et dimanches, quand l'Arpège était fermé, je me rendais dans leurs locaux du premier arrondissement et on m'envoyait travailler à Montmartre ou Montparnasse. Plus d'une fois, j'ai atterri à la Méditerranée, le grand restaurant de poisson face au théâtre de l'Odéon. C'était ma manière de visiter la capitale, rencontrer les Parisiens par les cuisines. Quand j'avais économisé assez longtemps pour me payer un billet d'avion, je rentrais me ressourcer dans l'Aveyron.

Recette de la fine mousseline de carotte au curcuma

TEMPS	50 mn – préparation : 20 mn cuisson : 30 mn
PERSONNES	4

LES INGRÉDIENTS

500 g de carottes des sables
125 g de beurre doux
2 g de curcuma en poudre
Sel fin

Éplucher et laver les carottes. Les couper en rondelles, puis les cuire dans une casserole d'eau salée. Au terme de la cuisson, les égoutter et les verser dans le bol du robot mixeur avec le beurre et le curcuma. Mixer jusqu'à ce que la purée soit bien lisse. Vérifier l'assaisonnement en sel fin. Garder au chaud.

Les fleurs de courgette farcies

J'ai passé des heures en tête à tête avec les fleurs de courgette. Fragiles, elles exigent une certaine dose de patience de la part du cuisinier. Il faut les traiter une par une, avec une application constante, sans essayer d'aller trop vite, car elles se déchirent facilement. Et une fois abîmées, on ne peut plus les travailler.

Au début des années 2000, dans les cuisines de Maison Blanche, perchées dans les nuages du triangle d'or parisien, je répète les gestes avec une précision d'horloger. Frotter doucement la fleur à l'aide d'un papier pour enlever son duvet, entrouvrir les pétales délicatement, ôter le pistil. La partie la plus délicate, c'est la farce : la fleur qu'on espère stable perd sans cesse son équilibre, elle vacille sous le poids de la mousse. Quand elle est assez charnue, je peux replier les pétales.

C'est un exercice auquel je me livre volontiers en tant que chef de partie à Maison Blanche, le restaurant du théâtre des Champs-Élysées. Les chefs Jacques et Laurent Pourcel avaient trouvé un beau parti pour ces fleurs de courgette, en les mariant à de la langoustine. Pendant des années, cette entrée méridionale et chic a fait partie des plats vedettes de la carte. Les clients ont toujours apprécié ce parfum de Méditerranée dans cette adresse si parisienne.

Comme son nom ne l'indique pas, le théâtre des Champs-Élysées est installé avenue Montaigne, qui est peut-être bien la plus belle avenue du monde, en tout cas la plus chic, celle où toutes les enseignes de luxe se sont rassemblées. Le restaurant où j'ai travaillé deux ans possède une histoire rocambolesque : il a été construit sans autorisation sur un bâtiment de 1913 classé aux monuments historiques. C'est une chance que cette excroissance verticale ait été finalement acceptée, car Maison Blanche offre une des vues les plus extraordinaires de la capitale, au même titre que les restaurants du centre Pompidou ou de la tour Eiffel. Depuis la salle au décor élégant et épuré signé par un jeune protégé de Philippe Starck, Imaad Rahmouni, je peux profiter du dôme luisant des Invalides à travers l'immense baie vitrée. La terrasse vertigineuse de l'avenue Montaigne permet d'observer le ballet des Bateaux-Mouches qui glissent sur la Seine.

Je n'ai passé qu'un an dans la brigade d'Alain Passard que j'ai quittée pour rejoindre les frères Pourcel. Leur gastronomie m'a toujours semblé familière. Elle met en valeur le terroir du Languedoc, qui est si proche de l'Aveyron. Dans les années 1990, j'avais suivi l'ouverture et l'ascension de leur restaurant, Le Jardin des Sens, à Montpellier. J'aimais leur livre *Cuisine en duo*, qui résumait leur cheminement culinaire et dont je connaissais par cœur la centaine de recettes influencées par la mer et gorgées de soleil. Quand ils se sont installés à Paris, je suis allé les trouver.

Puis j'ai découvert avec les Pourcel le plaisir d'ouvrir les frontières, d'imaginer une cuisine teintée d'ailleurs, à l'instar d'un plat signature que j'ai tant de fois répété chez eux, le pressé de homard et de jambon de canard et mangue, arrosé d'une huile marinée à la graine de vanille. Aujourd'hui, mettre des produits exotiques dans des plats traditionnels paraît banal, mais à l'époque, en France, ça ne l'était pas.

Les grandes villes du monde anglo-saxon, qui ont une tradition de melting-pot, ont entamé un métissage de leur cuisine dans les années 1990 et ont trouvé naturel de secouer leur patrimoine culinaire pour qu'il reflète la mixité de la société.

En France, c'était une autre histoire. Beaucoup de grands chefs, pour qui il est sacrilège de bousculer les traditions de la gastronomie hexagonale, ont vu dans l'hybridation une véritable hérésie. Parmi les cuisiniers français qui ont eu envie de s'amuser comme à Londres et à New York, certains se sont mis à jouer avec la nourriture de manière un peu superficielle – c'était la grande époque des nems au chocolat et du poulet au Coca. Dans ce paysage, les frères Pourcel ont fait figure d'exception : ils savaient gérer l'équilibre des goûts et la confrontation des saveurs pour obtenir une cuisine aussi atypique que délicate.

Leur talent a été reconnu. En 1998, le *Guide Michelin* leur fait la grâce des trois étoiles pour Le Jardin des Sens – ouverte dix ans plus tôt, c'est une des adresses les plus connues de la région. En 2001, Jacques et Laurent Pourcel, alors en pleine ascension, obtiennent la gestion du restaurant Maison Blanche, où ils reproduisent la cuisine de Montpellier, mais sans chercher à atteindre les étoiles – ils étaient toujours basés dans le Sud. Pour eux, Maison Blanche représentait plutôt une des premières étapes de la diversification ; dans les années 2000, ils s'exportent un peu partout dans le monde, notamment en Asie, au Maroc et en Suisse ; ils lancent aussi leurs brasseries La Compagnie des Comptoirs à Montpellier, Paris, l'île Maurice, Avignon, Béziers.

À l'époque, je ne suis pas épris de voyage, et mon objectif de partir à la conquête de Paris me semble bien assez ardu pour me projeter vers un autre ailleurs inconnu. Mais voir les Pourcel se construire une carrière sans frontières, et même compter sur leur développement à l'étranger pour soutenir financièrement leur restaurant gastronomique dans l'Hérault m'a impressionné. Tout comme leur manière de concilier le beau et le bon : Maison Blanche était indéniablement une table élégante, mais aussi et surtout une adresse gourmande où déguster de bons produits cuisinés avec soin. Le raffinement ne se faisait pas au détriment du goût.

Je me suis très bien entendu avec Jacques et Laurent, qui ont toujours fait preuve de bienveillance et de pédagogie à mon égard. Ils ont pris le temps de m'expliquer les recettes, les techniques de cuisson, de dressage, ils m'ont fait et donné confiance. Pendant les deux ans où je suis resté là-bas, j'ai pu passer par tous les postes, et j'ai terminé chef de partie tournant.

Ces années m'ont laissé un souvenir très positif. À l'époque, j'habite à deux pas de la place de la Bataille-de-Stalingrad, au-dessus de la gare du Nord, dans un petit appartement avec deux copains d'enfance devenus policiers que j'ai retrouvés par hasard, un soir dans un bar du côté de Beaubourg. À trois dans un deux-pièces, l'expérience relève plus du camping que de la colocation : un dans la chambre, un dans le couloir, un dans le salon. Mais on est jeunes, heureux, on rigole, je retrouve l'ambiance colonie de vacances que j'aimais déjà au lycée hôtelier.

Stalingrad, c'est un quartier encore populaire, très métissé, fameux pour ses murets autour de la place, ses passages étroits sous les talus et les bancs en hauteur à l'abri des arbres qui permettent aux dealers d'échapper aux regards de la police. La zone fait l'objet d'évacuations massives, dont la régularité laisse penser qu'elles ne sont pas très efficaces.

Tous les jours, j'observe le même rituel : je quitte mon auberge espagnole de bon matin, je grimpe les marches menant à la ligne de métro numéro deux qui traverse la rive droite de Paris d'est en ouest et qui est aérienne à Stalingrad. Je m'installe côté droit pour mieux profiter de la balade dans Paris, de La Chapelle perchée au-dessus des voies de la gare du Nord, de Barbès et ses magasins Tati, puis le métro replonge dans les souterrains de la capitale pour rejoindre les beaux quartiers. Jusqu'à place de Clichy, tout Paris se mélange dans la rame. Puis, imperceptiblement, on voit plus de costumes sombres et de sacs griffés quand on s'arrête à Monceau, Courcelles ou Ternes. Au terminus, place de l'Étoile, je remonte à la surface, me faufile entre les touristes sur les Champs-Élysées pour rejoindre l'avenue George-V, passe devant les palaces, les boutiques de luxe, les ateliers des maisons de couture jusqu'au théâtre des Champs-Élysées. Et là, au boulot.

Ce trajet est sans doute encore plus dépaysant que mon exode de l'Aveyron à Paris. Chemin faisant, je constate que l'hétérogénéité me plaît, qu'elle me ressemble. L'opulence ne me met pas mal à l'aise, la modicité m'est familière : je me sens à ma place partout. Ce sera un fil rouge dans ma carrière.

La cerise sur le gâteau

Qu'est-ce qu'un gâteau ? Avant de travailler chez Pierre Hermé, j'aurais répondu que c'était une préparation sucrée à base de farine, de beurre et d'œufs. À ses côtés, j'ai découvert que ça pouvait aussi être un chef-d'œuvre de géométrie, un édifice tout en hauteur plus proche de la sculpture que du dessert.

En 2003, alors que je viens d'arriver en tant que pâtissier à son laboratoire parisien, il élabore « la cerise sur le gâteau » avec l'aide du designer Yan D. Pennor's – et à cette époque, je n'aurais jamais imaginé qu'on puisse penser un dessert avec quelqu'un issu d'un univers aussi éloigné de la gastronomie.

Ce gâteau a une allure incroyable, c'est une tour triangulaire aux contours nets, enrobée de chocolat, marquée de six petits traits dorés comme des touches de piano, et flanquée d'une grosse cerise rouge laquée façon pomme d'amour. Évidemment, il n'est pas seulement élégant, il est aussi délicieux. Pour venir à bout de la bête, il faut la coucher sur le flanc, et, là, en creusant dans la coque chocolatée, on découvre l'amoncellement de fines feuilles de chocolat au lait, de dacquoise aux noisettes, de praliné feuilleté et de chantilly au chocolat. Un régal.

Mon gâteau préféré de Pierre Hermé est sans doute moins impressionnant visuellement : c'est le Montebello, une pâtisserie à la pistache et soit aux fraises, soit aux framboises selon la saison – les appellations chez Pierre Hermé désignent des associations de saveurs qui sont déclinées sous plusieurs formes (tarte, entremets, confiture…).

Le Montebello que je préfère n'est pas vraiment une tarte, puisqu'il n'a pas de pâte, mais se compose d'une dacquoise pistache, d'une mousseline pistache et de fraises fraîches. Dit ainsi, cela semble simple, mais la recette demande en fait beaucoup de préparations assez complexes, notamment cette mousseline qui mélange crème au beurre et crème pâtissière… Généreuse, elle s'équilibre à merveille en bouche avec le moelleux du biscuit et la fraîcheur du fruit acidulé.

Mon arrivée chez Pierre Hermé correspond alors à une envie de sucré dans mon parcours. À mon avis, être chef, c'est savoir tout faire, être capable de maîtriser un repas du début à la fin, pouvoir régaler des proches du petit déjeuner au dîner. J'ai commencé mes études par la cuisine, parce que c'est la base, mais j'ai complété dès que j'ai pu ma formation avec la pâtisserie. Quand je suis entré dans la vie active, j'ai observé le même rythme.

Au moment de postuler dans différentes enseignes pour me perfectionner en pâtisserie, Pierre Hermé s'est imposé à moi comme une évidence. Au début des années 2000, la pâtisserie française est alors encore engoncée dans des carcans des années 1970 : très sucrée, trop décorée, et la forme importe alors plus que le goût.

Pierre Hermé a non seulement déconstruit ces idées reçues en se concentrant sur les saveurs, en usant du sucre comme d'un assaisonnement et non comme d'un ingrédient de base, mais aussi en simplifiant l'apparence des gâteaux pour qu'ils soient appétissants sans être chichiteux. Sa boutique de la rue Bonaparte, près de l'église Saint-Sulpice à Paris, est luxueuse avec sa façade en marbre sombre et son service attentionné, et en même temps très pop, animée par le colorama de macarons aux saveurs inédites.

À cette époque, je ne suis plus un novice, j'ai eu le temps de passer par de belles adresses qui ont affiné mon goût et ouvert mon esprit. Et je m'attends à ce que Pierre Hermé secoue ma vision de la pâtisserie. Cela ne m'a pas empêché d'être sans cesse surpris en travaillant à ses côtés.

C'est la première fois que je vois un système de collections printemps/été et automne/hiver pour créer du désir, la première fois que je goûte des entremets aussi équilibrés et contrastés, la première fois que je croque un macaron à la truffe, la première fois que je découvre que la cuisine n'est pas qu'une affaire de saveurs et qu'elle peut s'enrichir au contact d'autres disciplines.

C'était un bonheur de travailler avec Pierre Hermé, qui était assez sûr de lui pour transmettre son savoir et partager ses bonnes idées, mais l'expérience a tourné court car j'avais besoin de faire un break. Cela faisait quatre ans que j'étais à Paris, que j'enchaînais les semaines de travail intenses et les week-ends à faire des extras. Mes nuits étaient courtes et peu reposantes puisque je dormais la plupart du temps sur un matelas posé dans un couloir ou dans la cuisine. J'ai aimé ces journées survoltées et cette vie un peu désordonnée, pleine d'insouciance. Mais je sentais que j'étais fatigué, que j'avais envie, que j'avais besoin de rentrer dans l'Aveyron.

J'y ai passé deux mois d'été auprès de ma famille et de mes amis que d'ordinaire, je ne faisais que croiser quand je passais en coup de vent pour un week-end ou à Noël. J'ai profité du calme des champs à perte de vue, sans circulation, sans bruit, à écouter le silence.

Mû par une force inconsciente qui m'intimait l'ordre de ne pas cesser de travailler, j'ai pris un poste saisonnier de chef pâtissier au restaurant où j'avais fait mon premier stage de lycée hôtelier, près du grand lac de Pareloup. Les semaines se sont écoulées paisiblement, le travail était facile. Et à la mi-août, j'ai senti que j'étais prêt à retourner à Paris ; j'ai commencé à envoyer des CV ici et là. Avec le recul, j'ai bien fait de prendre ce temps pour moi dans l'Aveyron. Car même si rien ne pouvait me préparer à ce que j'allais vivre à mon retour à Paris, revoir ses bases, c'est toujours utile pour ne pas perdre le cap.

Homard et pommes de terre confites

Quand je suis remonté à Paris, les frères Pourcel, avec qui j'étais resté en contact, m'ont proposé une place de second de cuisine et chef pâtissier dans un restaurant pour lequel ils jouent le rôle de consultants. Il s'agit de La Suite, inaugurée en février 2003, dernière adresse de Cathy et David Guetta. Le couple qui enflamme les soirées parisiennes (et ibiziennes) a créé un lieu hybride, un restaurant-club de mille mètres carrés pensé comme un hôtel de luxe. C'est à nouveau Imaad Rahmouni, le designer favori des frères Pourcel, qui s'est chargé de la mise en scène. La Suite a pour vocation de marquer les esprits : l'espace est structuré autour de baies vitrées en surplomb de l'avenue George-V, chapeauté par une coupole transparente.

La salle du restaurant, au premier étage, est divisée en plusieurs salons particuliers, parmi lesquels la Suite Penthouse qui s'articule autour d'un canapé en cuir blanc placé sous une verrière et la Suite Honeymoon, un petit boudoir tout en cuir et coussins en taffetas rose bonbon, doté d'une sonnette extérieure pour que le serveur puisse s'annoncer quand il vient prendre la commande ou apporter les plats.

Ailleurs, les alcôves gainées de boudins en cuir marron éclairés en douceur, les murs de capitons blancs parsemés de faux diamants, les fauteuils en cuir Chesterfield *made in England* et les luminaires tout en corolles, arabesques, flammes et pampilles fabriqués à Murano en Italie créent une atmosphère coquette. Robert De Niro aurait dit à Cathy Guetta qu'il adorait la déco.

Fidèles à leur sens de la fête, les Guetta ont prévu un DJ et une piste de danse qui déborde sur les tables du restaurant. La clientèle est mode, branchée, internationale. Leonardo DiCaprio et Ben Harper ont été les invités surprises de l'inauguration.

En cuisine, je revisite les classiques des Pourcel, qui s'appuient sur une base méditerranéenne et des saveurs exotiques. Les clients ont le choix de se tourner vers des valeurs sûres, comme des penne rigate au concassé de tomates, un tartare de thon rouge à la vinaigrette d'agrumes, ou encore le mille-feuille de chèvre frais à la sarriette et aubergines confites. Il y a aussi quelques créations plus aventureuses, comme la tatin de lapereau à la tapenade ou la crème d'artichaut aux céleris frits que je verse sur de jolies fèves vertes. En dessert, la soupe au chocolat jivara, crème glacée à l'amande douce, fonctionne très bien.

Au fil des semaines, je me rends compte que le chef de cuisine, un trentenaire formé chez Guy Savoy, n'est ni très impliqué, ni très motivé. Conscient qu'il y a une place à prendre, j'endosse davantage de responsabilités à mesure qu'il lâche prise. Je gère la brigade, la carte, et quand il finit par partir, les patrons m'accordent leur confiance. En dépit de mon jeune âge et de mon inexpérience dans ce type d'établissement, ils prennent le risque de me confier le poste.

Endosser le rôle de chef à La Suite est d'autant plus un défi pour moi que ce restaurant ne ressemble pas aux étoilés où j'ai travaillé. Cathy Guetta possède alors deux autres clubs qui lui demandent beaucoup de temps et d'énergie, et en ce qui concerne La Suite, elle est plutôt présente la nuit. Dans la journée, je me retrouve souvent livré à moi-même, à gérer les problèmes quand ils surgissent, à satisfaire les desiderata d'une clientèle exigeante.

À La Suite, la cuisine compte, mais elle est moins censée incarner la personnalité d'un chef que s'adapter à la demande d'une clientèle particulière : les célébrités. Je me retrouve à improviser d'énormes gâteaux pour des anniversaires, notamment celui de Lenny Kravitz, très friand de homard, qu'on lui sert avec des pommes de terre confites au safran et quantité de gaufres à la crème de noisette du Piémont. Il me faut imaginer une armée de pièces de cocktail incroyables dans le cadre de l'after-show des Rolling Stones. Pour la fête du défilé croisière de Chanel, Karl Lagerfeld a commandé une montagne de macarons, meringues et guimauves multicolores.

Je n'en dors pas, je veux progresser et réussir, que l'on soit content de moi. Je mets toutes les chances de mon côté pour que cela se passe bien, et j'ai la chance de pouvoir compter sur une équipe solide. Le restaurant fonctionne, je gagne un peu plus d'argent, je peux me projeter dans des voyages sans avoir à faire des extras le week-end et enfin louer mon propre appartement. Nettement plus confortable que ma colocation, il est situé dans une résidence moderne à Issy-les-Moulineaux, avec un petit jardin qui me rappelle beaucoup celui que j'ai quitté à Rodez. Dans ma tête, je suis sur des rails, parti pour rester un bon moment à ce poste.

À cette époque, l'attachée de presse des Guetta est une femme sympathique qui, par la force des choses, déjeune souvent à La Suite avec des invités à qui elle veut faire découvrir la table. À l'époque, je ne sors pas beaucoup de ma cuisine : je suis trop concentré sur le bon déroulement des opérations ; tout ce qui m'importe, c'est que les clients, mes patrons et mon équipe soient contents – mon obsession pour la perfection se révèle particulièrement dans ce premier poste de chef. Par ailleurs, de nature timide, je ne suis guère enclin à faire le tour de la salle. D'autant plus que dans ce restaurant, la star, ce n'est pas moi, ce sont les Guetta.

Les rares fois où je prends des risques, c'est quand l'attachée de presse est présente et que je viens lui demander ce qu'elle souhaite manger, ou que je veux lui parler d'un nouveau plat à la carte. Ce jour de 2003, elle est avec une femme que je ne connais pas, mais dont je sens qu'elle m'observe avec attention. À la fin du repas, quand je reviens demander si tout s'est bien passé, l'inconnue me demande si j'aimerais faire de la télé. Devant mon air interloqué et pour meubler le silence qui se prolonge, elle me fournit plus de détails : elle travaille pour une boîte de production et ils lancent un nouveau format, l'adaptation d'une émission anglaise, *Jamie's Kitchen*, avec Jamie Oliver (nom qui m'est alors totalement inconnu), où un chef a quelques mois pour former une brigade de dix jeunes en difficulté, leur apprendre le métier de cuisinier et ouvrir son propre restaurant. Je me défile en lui expliquant que je suis très heureux dans la configuration actuelle des choses, et que pour l'instant, je n'ai aucune envie de changement.

Plusieurs semaines s'écoulent avant que je ne reçoive un coup de fil d'une autre personne de sa boîte de production qui insiste pour me rencontrer. Je persiste, insiste, la télé, ce n'est pas mon truc. Mais au téléphone, mon interlocutrice est plus tenace que moi et finit par me convaincre de la rencontrer autour d'un café. Le rendez-vous se passe bien, je trouve le projet intéressant, mais j'écoute ce qu'elle me raconte d'une oreille distraite car j'ai la certitude que je vais refuser et qu'ils vont finir par se rendre compte qu'ils sont en train de parier sur le mauvais cheval.

Six mois se passent encore sans aucune nouvelle, et cette drôle de proposition n'est déjà plus qu'un lointain souvenir quand soudain, on me rappelle pour me prévenir qu'on aimerait me filmer en cuisine, pour voir comment je rends à l'écran. Comme ce projet me semble irréaliste et d'autant plus abstrait qu'il n'avance pas vite, je le prends comme un jeu. J'accepte, on fait des plans en cuisine, au « passe » où j'envoie les plats qui partent en salle, je mets de l'énergie, de l'enthousiasme. Je m'amuse bien.

Après cette tentative probante, je me retrouve convoqué dans les bureaux de M6, avenue Charles-de-Gaulle, à Neuilly. Quand j'arrive devant l'immense immeuble aux parois de verre et que je croise ces gens bien habillés et tous très affairés, j'ai l'impression d'être dans un film. Pourtant, je ne me sens pas intimidé puisque tous les interlocuteurs que j'ai rencontrés jusqu'ici ont été charmants. Tout comme la réceptionniste qui m'accueille et l'assistant qui me conduit jusqu'à la salle de réunion. Ce dernier pousse la porte, j'entre pour découvrir une grande table ronde autour de laquelle sont installés une douzaine d'hommes en costume. La porte derrière moi se referme, je sens ma belle confiance fondre comme neige au soleil, mais je m'installe dans le seul siège vide, placé au milieu de ces cadres aux visages fermés.

Immédiatement, l'un d'eux m'interroge. Pourquoi je veux faire cette émission ? J'essaie d'expliquer que ce n'est pas moi qui ai sollicité la boîte de production, mais avant même que je ne vienne à bout de mon exposé, un autre type en chemise m'interrompt pour me demander quelles sont mes prétentions salariales. J'improvise une réponse – à vrai dire, je ne m'étais pas posé la question d'une quelconque rémunération – lorsqu'un troisième intervient : Est-ce que je fais ça pour l'argent ?

Cette agressivité me submerge. Elle a sans doute pour but de me tester, voir de quoi je suis capable. Mais je ne m'y attends pas, et surtout, je n'ai aucun désir de ferrailler avec ces gens dans cet espace gris et oppressant. Je ne vois pas pourquoi je suis traité comme un prisonnier en cavale qui viendrait de se faire rattraper par la patrouille, je n'ai de comptes à rendre à personne. Une voix intérieure me dit que je fais fausse route, j'ai été influencé, mais ce n'est pas mon monde, je n'ai rien à faire là, et il est temps de mettre fin à cet interrogatoire.

« Écoutez messieurs, on s'est mal compris. Tout va très bien pour moi. J'ai un job qui me plaît, mes employeurs sont contents de mon travail. Je suis ici parce qu'on m'a parlé d'une émission de cuisine et que je suis cuisinier. Pas pour débattre de mon besoin de notoriété ou de l'état de mon compte en banque. Je vous remercie pour votre intérêt, au revoir. » Ma tirade est sortie d'un trait, et sans attendre, je me suis levé dans le silence profond qu'elle a provoqué et je suis parti sans ajouter un mot.

Ce que je ne savais pas, à l'époque, c'est que ce coup d'éclat a joué en ma faveur. Quand j'ai claqué la porte, ils se sont dit que j'avais du caractère. Avant cet entretien, les gens de M6 n'étaient pas convaincus que je sois le bon candidat pour le rôle. Ils me trouvaient trop jeune, trop maigre, trop novice.

Peu de temps après cet épisode, Bibiane Godfroid, la directrice générale de la filiale de M6 qui réalise cette émission de télé-réalité culinaire, me rappelle. Elle a vu les rushes filmés à La Suite, et elle y a trouvé les qualités qu'elle souhaite voir incarnées à l'écran : un cuisinier sympathique mais rigoureux, professionnel et affectueux, meneur d'hommes, ambitieux. Que je sois jeune et que je n'aie pas de galons n'est pas un problème pour elle, au contraire : l'émission ne marchera que si elle incarne le renouveau de la cuisine, une génération de chefs en rupture avec les traditions gastronomiques françaises qui pèsent si lourd.

Au début, échaudé par ma mauvaise expérience, je refuse ; mais elle trouve les mots qu'il faut, et nous convenons d'un rendez-vous dont je me souviendrai toute ma vie. C'était le 23 décembre 2003. Je suis encore à Paris, il fait froid, les nuages sont bas ; du bitume jusqu'au ciel, les couleurs semblent s'être diluées pour former ce camaïeu morose. Ma valise pour partir dans l'Aveyron est déjà prête, et je n'ai qu'une hâte, retrouver les miens. La rencontre avec Bibiane a lieu dans une grande brasserie du Trocadéro. Quand je pousse la porte du café, je découvre une femme élégante dont le franc-parler m'inspire immédiatement confiance. À ses côtés, un bel homme que je ne connais pas et qui se révèle être Thomas Valentin, vice-président en charge des programmes sur M6. Il a aussi un visage avenant, une attitude courtoise, empreinte de gentillesse. Tous deux semblent bienveillants, à l'opposé du cliché de loups ambitieux aux canines acérées qui peuplent le milieu de l'audiovisuel.

Bibiane me demande de raconter mon histoire à Thomas. C'est un exercice auquel je me livre toujours avec plaisir, je déroule aussi mon arrivée à Paris, j'explique ce que j'aime dans mon métier, évoque mes rêves, mon envie d'avoir un restaurant à moi, peut-être un jour, quand je serai prêt. Il m'écoute avec patience, m'interroge sur des détails, et quand j'ai terminé mon récit, il me répond simplement : « OK, on fait l'émission avec toi. » Je me sens complètement désarçonné par cette nouvelle parce que après tout ce temps, toutes ces étapes et ces hésitations, je ne m'attendais pas à ce que la décision soit prise si facilement, si rapidement. Ensuite, tout s'est enchaîné très vite jusqu'au tournage.

J'ai eu un pincement au cœur au moment de remettre ma lettre de démission aux Pourcel, qui avaient toujours été bons pour moi. Quand M6 m'avait approché pour la première fois, je leur avais demandé conseil, ils m'avaient soutenu et proposé de contacter leur avocat si jamais j'avais des questions. Et là, je partais vers l'inconnu, vers un monde où je n'avais plus aucun repère, aucune amitié solide sur laquelle compter. Mais j'avais déjà surmonté cette peur une fois en m'arrachant à l'Aveyron pour m'exiler à Paris, je me sentais la force de recommencer, et surtout l'excitation qui, au fond de moi, refusait de laisser passer une telle opportunité. On me proposait d'ouvrir mon propre restaurant, à Paris. Mon rêve était à portée de main.

Pour reprendre mon poste à La Suite, j'ai recommandé un ami qui a été accepté ; il est arrivé, et je suis parti vers une nouvelle vie.

Les penne rigate à l'aubergine

Je suis dans la cuisine, face à ma nouvelle brigade, mais trois commis sur dix manquent à l'appel. J'essaie de ne pas me mettre en colère, de ne pas penser au fait que je me suis levé à six heures du matin pour faire le marché et leur apporter les meilleurs ingrédients. Aujourd'hui, je montre à Véronique, Mickaël, David et mes autres apprentis comment réaliser des recettes qui figureront à la carte du restaurant. Ils débutent, je fais simple avec des penne rigate à la fricassée d'aubergine, pistou et parmesan ou encore mon tartare de daurade et de mangue assaisonné de coriandre et relevé de piment d'Espelette. Quand on passe à la leçon pour apprendre à faire le pain, je suis content de constater que Jérôme s'en sort bien : il a déjà travaillé en boulangerie. Son aisance fait plaisir à voir. Cette séquence deviendra le troisième épisode de *Oui chef !*, diffusé au début de l'année 2005 sur M6.

Le principe de *Oui chef !*, c'était de suivre l'ouverture d'un nouveau restaurant. Filmer la recherche du lieu, la venue des architectes, du cuisiniste, le casting d'une brigade de jeunes qui avaient décroché de l'école et sans expérience professionnelle, et surtout, le temps passé à les former. Les caméras étaient un prétexte pour moi et je me souciais peu des retombées que l'émission pourrait avoir : ce qui m'intéressait, c'était la finalité, devenir chef de mon propre restaurant à vingt-sept ans, propriétaire de 25 % des parts et associé à un homme d'affaires.

Quand j'ai démarré le tournage à la fin de l'été 2004, le premier jour, les caméras se sont rappelées à mon bon souvenir. J'avais réussi à les oublier lors des tests à La Suite, mais lorsqu'on est passé aux choses sérieuses, que l'équipe m'a demandé de marcher avec naturel dans la rue, je me suis senti complètement bloqué par les lumières, l'objectif, les micros, les passants qui me dévisageaient et le regard de l'équipe chargé d'espoir, dans l'attente d'un déclic de ma part qui ne venait pas. J'étais gauche, j'avais l'air emprunté, je bafouillais, je fixais la caméra avec terreur.

Finalement, Matthieu Jean-Toscani, le rédacteur en chef, me prend à part : « Écoute Cyril, je suis désolé, mais on a une émission à réaliser, il faut qu'on s'y mette. » Il a raison, mais je me sens impuissant, ce n'est pas une question de travail ou de volonté, mon corps refuse simplement de jouer le jeu. Je plaide coupable, je lui réponds que c'est une première, ce n'est pas mon univers, je n'ai pas de solution. Un doute m'étreint : et si je m'étais trompé ? Et si j'avais eu tort de quitter La Suite ?

Alors qu'on est en train de tourner près de l'avenue Montaigne, il abandonne l'équipe pour m'emmener dans un restaurant où on s'isole à l'étage. En le suivant, je me demande où il veut en venir, mais je n'ose rien demander, je me sens trop incapable. Finalement, il choisit une table à l'écart, s'installe en face de moi avec une caméra et me demande de lui raconter l'Aveyron tout en le regardant lui, dans les yeux. Revenir à mon enfance, ça a toujours été la formule magique, un moyen d'oublier ce qui me pèse ou m'oppresse. Ma langue se délie, je m'engage dans un récit au long cours, j'oublie que je suis filmé, seul le regard doux et bienveillant de Matthieu m'importe.

Je ne vois pas le temps passer, à un moment, il m'interrompt et déclare : « Tu es prêt. » Sur le moment, j'ai du mal à le croire, mais il a raison. Grâce à lui, j'ai mis un visage sur la caméra, je l'ai humanisée. Après cet épisode, je n'ai plus jamais ressenti de gêne.

Matthieu est devenu mon associé de la boîte de production Kitchen Factory que nous avons lancée en 2008 ; ensemble, nous avons produit des dizaines d'émissions autour de la gastronomie et de l'alimentation. Ce jour de grand désarroi où je ne parvenais pas à supporter la pression des caméras, il a su trouver les mots justes et l'attitude nécessaire pour me redonner confiance. Il m'a tout de suite compris, et nous ne nous sommes plus jamais quittés.

Le tournage de *Oui chef !* dure quatre mois, pendant lesquels je passe par toutes les émotions. Il faut d'abord rencontrer trois cents jeunes sans expérience en cuisine, les tester, puis en sélectionner dix pour qu'ils fassent partie de ma brigade. Sans relâche, je dois les motiver et les former au quotidien pour qu'ils aient envie de s'investir dans mon projet. Cette mission relève autant du coaching que de la transmission : je leur apprends la cuisine, mais je me retrouve aussi à sermonner les retardataires, raisonner les défaitistes, encourager les bonnes volontés qui n'ont pas toujours les moyens de leurs ambitions. Plusieurs fois, je vais chercher chez eux – et même jusqu'à Rouen – les candidats qui veulent jeter l'éponge. Je m'attache à Mickaël, Bérénice, Jérôme, Orianne, Adrien… à force de m'investir, je noue des liens forts avec eux, je me sens peu à peu responsable de leur épanouissement professionnel.

En parallèle, je rédige mon premier livre de recettes, *Cuisine attitude*, et je sillonne Paris pour trouver le lieu qui va abriter mon restaurant. Je finis par le trouver dans un quartier un peu excentré du quinzième arrondissement de Paris, rue Cauchy. L'endroit est vaste, et je peux y réaliser mon rêve de cuisine ouverte. Ce quotidien est fantastique, il est également usant. J'y mets toute mon énergie.

Finalement, un jour, le tournage est fini, mon restaurant, Le Quinzième, prêt à ouvrir – du moins il faut l'ouvrir, le temps imparti s'est écoulé. Matthieu et l'équipe s'invitent chez moi pour me montrer les images du premier épisode. Ils arrivent à Issy-les-Moulineaux avec leur matériel, branchent le gros magnéto avec la cassette. Avant de commencer, Matthieu me prévient : « Voilà, on va te montrer l'émission, tu vas te voir, quand ce sera terminé, tu vas te coucher. Et demain, tu seras un autre homme. » Sur le moment, ces paroles me paraissent un peu nébuleuses.

Je n'ai pas le temps de les méditer plus longtemps, le générique est lancé, mon visage apparaît à l'écran, mon nom s'écrit en lettres capitales. C'est la première fois que je me vois filmé : pendant le tournage, on ne m'avait jamais montré les rushes. L'émission se déroule sans que je sois capable de savoir ce que j'en pense, j'observe à l'écran mon double se démener, se déplacer dans tous les sens. J'éprouve un sentiment de flottement, quelque chose est en train de m'arriver dont je ne mesure ni la portée ni les conséquences. Matthieu ouvre le champagne, on trinque, je vais me coucher comme un automate, dans un état second qui n'a rien à voir avec la coupe de bulles que j'ai bue sans même en sentir le goût.

Je suis bouleversé, et en même temps rassuré par le fait que l'homme que j'ai vu à l'écran, c'est bien moi, avec mes peines, mes joies, mes colères. Je ne joue pas un rôle, je n'ai pas été tenté de montrer une meilleure version de moi-même, je suis le même des deux côtés de la caméra.

Le lendemain de ce premier visionnage, quand je me lève, mon esprit semble avoir regagné mon corps, ma conscience s'éveille enfin. Je me sens différent, ainsi que l'avait prédit Matthieu, animé par la conviction qu'une nouvelle vie commence maintenant, à vingt-sept ans.

Le tartare de daurade

Le lendemain de la diffusion du dernier épisode, comme tous les matins, je me rends au restaurant dans un état de stress assez avancé. Le Quinzième vient d'ouvrir. Je sais qu'il faut être solide, car on m'attend au tournant. Je suis à la tête d'un restaurant, trois millions trois cent mille Français m'ont regardé la veille me lancer dans ce projet fou. Ma plus grande crainte, c'est qu'on dise : la table est nulle, ce type nous jette de la poudre aux yeux, c'est un pur produit télé sans légitimité gastronomique. Je veux montrer que ce qui apparaît à l'écran n'est pas du chiqué, et que j'ai beau avoir choisi un parcours différent de mes confrères en embrassant la télé, je n'en suis pas moins un cuisinier qui mérite de gagner ses lettres de noblesse.

Dans mon esprit, l'équation est simple : si Le Quinzième déçoit, ma carrière est finie. J'essaie de garder en tête qu'on ne peut pas plaire à tout le monde et que je dois me concentrer sur ce que je sais faire : la cuisine. J'ai l'impression d'avoir mis les chances de mon côté en proposant une carte de brasserie moderne, avec des produits nobles, un peu d'exotisme, dans l'esprit de ce que j'ai appris chez les Pourcel. C'est une cuisine facile et dans l'air du temps – ce qui n'est pas un mauvais calcul puisque le restaurant compte quatre-vingt-dix couverts. À la carte, on trouve des valeurs sûres que j'ai un peu actualisées, comme des brochettes de filet de bœuf aux tomates confites, un burger de poulet gratiné à la mozzarella, une daurade royale en croûte de pain avec une purée de patates douces.

La création dont je suis le plus fier, c'est le tartare de daurade et mangue. Équilibrer les saveurs m'a demandé quelques mois, mais je sais que je tiens désormais la bonne recette : je coupe le poisson et le fruit en petits dés fondants, j'ajoute un peu de tomate ; à côté, je prépare une vinaigrette à base d'huile d'olive, de citron et de gousses de vanille que je racle consciencieusement pour en extraire les graines. Et j'assaisonne avec du piment d'Espelette qui « casse » le sucre et réveille les papilles. Dans ce mélange, tous les éléments sont complémentaires, forment une combinaison à la fois harmonieuse et déroutante. Je sens qu'il a le potentiel d'un plat signature.

Chemin faisant, traversant le parc André-Citroën, je repasse la carte dans ma tête. Est-ce que ma proposition d'entrées est cohérente ? Le tartare de daurade est une valeur sûre, qui a toujours fonctionné chez les Pourcel. La soupe au potiron et à la noisette était un peu trop liquide lors des tests hier, il faut peut-être la revoir. La raviole de foie gras aux cèpes avec un bouillon à l'huile de truffe blanche est impeccable. Concernant la tarte croustillante, j'ai un doute : est-ce que j'ai reçu assez de chanterelles ?

Quand j'arrive rue Cauchy, l'esprit occupé par ma commande de champignons, je constate qu'il y a un attroupement devant le restaurant. J'ai un mouvement d'inquiétude, je crains qu'il y ait un problème, une fuite de gaz ou un employé qui aurait eu un malaise. Je hâte le pas, et en me rapprochant, je me fais la réflexion que la moyenne d'âge est tout de même drôlement basse pour s'intéresser à un incident domestique. « Cyril, Cyril ! » J'essaie de distinguer qui m'appelle, mais avant que je ne puisse mettre un visage sur cette apostrophe, mon prénom se démultiplie, il est scandé à ma gauche, à ma droite, les deux syllabes reviennent sans cesse comme si le son faisait ricochet, je ne sais plus où donner de la tête. Je comprends que tous ces gamins attroupés devant Le Quinzième sont venus me voir, moi. Être soudainement célébré comme une star du foot arrivant à son entraînement me paraît surréaliste.

Outre l'affection du grand public, faire de la télé apporte d'immenses avantages dans la vie d'un chef : c'est un accélérateur de carrière, les clients affluent, les banques vous font confiance, les marques font appel à vous. Mais la notoriété afférente à une carrière cathodique peut faire tourner la tête. Plus on est sollicité, plus il est facile de s'éloigner de ce pour quoi on exerce ce métier et de s'entourer de mauvais conseillers. Les dîners en ville, les soirées, les invitations sur les plateaux télé, les demandes d'interview, les voyages, les cadeaux brouillent l'esprit.

J'estime avoir eu beaucoup de chance de ne pas m'être brûlé les ailes. Rien dans mon enfance ne m'avait familiarisé avec ce monde nouveau, et le milieu du show-biz parisien constitue sans doute l'antithèse exacte de l'environnement modeste et provincial où j'ai grandi. S'il n'y a pas eu d'accident de parcours, si chaque fois que je me fourvoyais j'ai su faire demi-tour, c'est grâce à mes racines et aux valeurs transmises par mes parents.

Deux rencontres déterminantes m'ont aussi aidé à ne pas perdre pied. La première, c'est Matthieu, qui m'a rendu le meilleur service possible en se comportant avec moi comme avec tous les autres membres de l'équipe pendant les tournages. Je ne bénéficiais pas de traitement de faveur, on n'avait pas besoin de prendre des pincettes pour me parler. Il n'aurait pas toléré un caprice de ma part.

Mon autre garde-fou est Laurence Mentil, mon bras droit. C'est avec elle que j'ai bâti mon entreprise. Elle a su écarter les mauvaises propositions, elle m'a guidé et m'a aidé à faire les choix qui me permettaient d'être fidèle à moi-même : un cuisinier, pâtissier et entrepreneur.

Après *Oui chef !*, j'ai enchaîné les émissions : *Chef, la recette !*, *Top chef*, *Le Meilleur Pâtissier*... sans jamais abandonner la restauration, en développant de nouvelles adresses, en bâtissant un réseau de pâtisseries. Mon métier de chef cuisinier me portera toute la vie, alors qu'un jour, fatalement, la télévision s'arrêtera. Le piège, pour moi, aurait été de penser que je pouvais me passer de la restauration et que le succès sur petit écran était une fin en soi.

Oui chef ! a parlé aux jeunes, a permis à M6 de réaliser d'excellentes audiences auprès des onze-quatorze ans, a convaincu plus de quatre millions de téléspectateurs – une moyenne pour les cinq épisodes. Ces chiffres paraissent banals aujourd'hui, quand chaque épisode du *Meilleur Pâtissier* rassemble environ trois millions de Français. Mais en 2005, la cuisine n'est pas vraiment un objet télévisuel, à l'exception d'émissions de recettes plutôt destinées aux « ménagères », comme disent les publicitaires : *La Cuisine des mousquetaires* de Maïté a été diffusée entre 1983 et 1997, puis *Bon appétit bien sûr* de Joël Robuchon a pris la relève entre 2000 et 2009.

Oui chef ! a changé le visage de l'émission culinaire qui, soudain, ne se limite plus à la transmission d'un savoir mais s'intéresse aussi à l'histoire individuelle des anonymes derrière les fourneaux, des liens qui les unissent. Elle amorce le basculement vers la téléréalité et signe la disparition de l'émission de recettes « classique » où une figure tutélaire de la gastronomie vient délivrer son savoir. C'est aussi la première fois que l'on diffuse une émission culinaire en prime time.

Je me suis lancé dans l'aventure avec l'espoir d'ouvrir mon propre restaurant, comptant sur mon plaisir à rencontrer de nouvelles personnes, et, il faut l'admettre, avec une certaine insouciance. Je n'avais alors pas mesuré la défiance de la profession vis-à-vis de la télévision : les chefs déjà établis n'étaient pas prêts à risquer leur image devant les caméras. À la diffusion des épisodes, je me suis rendu compte que *Oui chef !* était en train de dresser un mur entre une bonne partie des chefs étoilés, qui estimaient que la télévision dévoyait le métier, et moi. Ils me considéraient comme un animateur, pas comme un cuisinier.

En même temps, je sentais l'amour du grand public croître. Au Quinzième, je restais en cuisine pour surveiller le bon déroulement des opérations, et puis, à vingt-sept ans, on ne fait pas le tour des tables. Mais les clients me demandaient en salle. Je recevais des lettres passionnées, des montagnes de CV de candidats qui voulaient faire partie de la brigade du restaurant, dont tous les services étaient au complet. Des blogs de passionnés se sont créés pour documenter mes activités, j'ai vu des files d'attente interminables se former au BHV ou au Virgin Megastore où je dédicaçais mon livre *Chef, la recette !*, on m'arrêtait dans la rue pour me demander un autographe, une photo, une bise.

J'ai un souvenir qui résume bien la situation : j'étais invité pour une réception à l'Élysée, ainsi que d'autres chefs, étoilés pour la plupart. Parmi eux, certains ont toujours fait preuve d'une aversion tenace à mon égard. Quand je montais les marches du perron pour entrer dans le palais, un d'entre eux, trois-étoiles, a gravi l'escalier en même temps que moi. L'huissier de l'Élysée qui gardait la porte nous a vus arriver tous les deux ; un sourire a alors illuminé son visage, et, se tournant résolument vers moi pour me serrer la main, il m'a lancé : « Ah ! Bonjour monsieur Lignac ! » Je ne le connaissais pas. Alors qu'on échangeait quelques paroles, le trois-étoiles est passé derrière moi, sans me saluer et sans un regard de l'huissier.

Au début, le fait d'être connu du grand public sans être reconnu par la profession m'a perturbé. Avec les années, la situation s'est normalisée. Et il ne viendrait plus à l'esprit d'aucun chef de dénigrer la télé : ils ont tous participé à des émissions, même ceux qui avaient juré leurs grands dieux qu'ils laissaient « ça » aux autres.

Dans le fond, ces inimitiés et les tensions qu'elles ont générées ont peu d'importance. L'essentiel, c'est que *Oui chef !* et les émissions dans son sillage ont permis de revaloriser l'image du cuisinier. Quand j'étais adolescent, c'était une voie de garage, un métier qu'on choisissait faute de mieux, parce qu'on n'était pas assez bon pour poursuivre sa scolarité dans la filière générale. Dans les années 1990, mes parents n'étaient pas fiers de dire que leur fils était à la chambre des métiers avec les autres cancres qui se destinaient à devenir mécano, coiffeur, charpentier ou esthéticienne. Ceux qui se tournaient vers l'artisanat n'étaient pas les plus futés. Mon ami d'enfance a fréquenté le lycée, il a obtenu son bac, a poursuivi ses études en école d'ingénieurs pendant que moi, j'allais au centre de formation d'apprentis. Je bossais dans un resto sous les ordres d'un patron, avec une semaine d'école par mois.

Récemment, une publicité pour une banque a mis en scène un jeune homme à l'allure assez bourgeoise annonçant à son entourage qu'il voulait être mécanicien. Sa famille et ses amis tentent de l'en dissuader, le prennent de haut, lui suggèrent de faire plutôt médecine. En conclusion, une voix off affirme qu'il n'y a pas d'études « inférieures ou supérieures », et que la banque sera ravie d'aider le gamin à contracter un prêt pour ouvrir son garage. Cette publicité en dit long sur le changement des mentalités. En 2020, l'artisanat a regagné ses lettres de noblesse, et la télé n'est pas étrangère à cette évolution.

Recette du tartare de daurade à la mangue, vinaigrette vanille

TEMPS	30 mn
PERSONNES	4

LES INGRÉDIENTS
Pour le tartare de dorade

2 filets de daurade taillés en dés (environ 1 cm de côté)
50 g de tomate
50 g de mangue
1 petite échalote ciselée
¼ de botte de coriandre ciselée
Piment d'Espelette
Sel fin
Poivre
Vinaigrette vanille

Pour la décoration

2 tomates confites
16 feuilles de salade riquette
10 g de Frizzy Pazzy (friandises)

1 LE TARTARE

Couper les tomates en petits dés, ainsi que la mangue. Mélanger avec l'ensemble des autres ingrédients.

Assaisonner en sel, poivre et vinaigrette vanille.

2 LA DÉCORATION

Sur une assiette plate blanche, cercler le tartare (mi-hauteur d'un cercle haut) puis saupoudrer de Frizzy Pazzy. Disposer dessus un petit bouquet de riquette non assaisonnée et une demi-tomate confite.

L'émietté de tourteau

Depuis quelques années, j'ai arrêté de proposer un plat que j'ai pourtant toujours mangé avec un immense plaisir : l'émietté de tourteau et salade de pommes de terre tièdes. La recette est un peu plus technique qu'elle n'en a l'air, et le résultat prend la forme d'une tour aux étages bien distincts : tout en dessous, les pommes de terre fondantes relevées par la vinaigrette de mayonnaise et balsamique blanc ; au-dessus, un mélange très frais de chair de tourteaux, sucrine et ciboulette ; en haut, une belle rosace de tomates cerises assaisonnée de fleur de sel. C'est un plat classique, dans la lignée de la cuisine bistrot, très représentatif de la carte du Chardenoux, mon deuxième restaurant, que j'ai ouvert en 2008.

Un an après l'inauguration du Quinzième, le quotidien est devenu moins intense. Je sais où je vais et comment y arriver, la brigade s'est enfin stabilisée, la carte fonctionne bien, le lieu a trouvé sa clientèle, le projet est sur les rails. C'est alors que je commence à réfléchir à une nouvelle adresse. Autour de moi, j'observe d'autres chefs équilibrer les finances de leur table gastronomique grâce à une enseigne plus simple et plus détendue qui leur permet aussi de se changer les idées, d'expérimenter des plats ou de se lancer dans des choix déco qu'ils n'auraient pas osé faire dans leur navire amiral.

La deuxième moitié des années 2000, c'est aussi un tournant culinaire en France. La mode de la cuisine fusion s'épuise, et un contre-courant arrive en réaction : la bistronomie, contraction des mots « bistrot » et « gastronomie ». Le premier à l'incarner, c'est Yves Camdeborde, ancien cuisinier du Crillon, qui quitte le palace en 1992 pour s'installer à son compte à La Régalade, un restaurant parisien convivial qui met à l'honneur le terroir français, des produits simples mais d'excellente qualité préparés avec une technique hors pair.

Les chefs qui s'appuient sur ce credo ne sont pas nombreux jusqu'au milieu des années 2000, où la vague bistronomique emporte tout sur son passage : en 2005, Yves Camdeborde déménage sa Régalade dans l'épicentre de Paris, à Saint-Germain-des-Prés (et elle devient Le Comptoir du Relais) et surtout, d'autres lui emboîtent le pas. Stéphane Jégo a ouvert L'Ami Jean en 2004, Petter Nilsson inaugure sa Gazzetta en 2006, juste avant qu'Inaki Aizpitarte ne s'installe au Chateaubriand. Les années suivantes viendront confirmer la puissance de cette tendance avec l'arrivée de Septime, Le Galopin, Le Pantruche, Caillebotte, Frenchie, etc.

Moi qui ai passé mes dernières années en cuisine à marier des saveurs exotiques, j'ai assez envie de jouer la partition du terroir, de revenir à mes fondamentaux, à la cuisine que j'ai connue avant que je n'arrive à Paris. Je me mets en tête de dénicher un lieu pour exprimer mes origines.

En 2007, je mandate donc un spécialiste de l'immobilier pour me trouver une belle adresse. Je sais déjà ce que je veux : un bistrot qui ait de l'allure, où l'on retrouve les vestiges du passé, du parquet poli par les années et une cheminée en marbre, le genre d'endroit qu'on n'oublie pas quand on y a déjeuné une fois. Des lieux comme ça, il n'y en a plus beaucoup à Paris, mais quelques mois après l'avoir lancé sur le projet, je reçois un appel de mon agent : il a déniché la perle rare et me propose de la visiter sans plus attendre. Très excité, je lui demande où le retrouver, m'attendant à ce qu'il me donne rendez-vous près du Louvre ou dans le quartier de l'Opéra où il y a tant de belles enseignes historiques aux noms illustres. Mais il me répond : rue Jules Vallès, dans le onzième arrondissement.

Il se trouve qu'en 2007, je n'ai jamais mis les pieds dans ce quartier, qui m'évoque surtout des salles de concert et des bars où faire la fête. J'honore le rendez-vous, mais sans grand enthousiasme, notamment parce que le trajet depuis le Quinzième me paraît infini : dix kilomètres – convertibles en vingt et une stations de métro ou un demi-tour de périphérique – séparent les deux adresses. Quand j'arrive rue Jules Vallès, je reconnais que la devanture a du charme, au carrefour de quatre rues bordées de beaux immeubles haussmanniens très parisiens. Je pousse la porte en bois du restaurant centenaire, et alors mon cœur s'emballe.

Mes yeux se posent sur le magnifique comptoir en marqueterie de marbre (protégé au titre des monuments historiques, ai-je ensuite découvert), le plafond et sa fresque de nuages encadrée de moulures crème, la cloison en verre gravé. Ce joyau parisien de la Belle Époque est plus charmant et flamboyant que tout ce que j'avais osé imaginer. « Alors ? » m'interroge l'agent. Ma réponse ne se fait pas attendre : je le prends. Et tant pis si c'est un peu au-dessus de mes moyens.

Quand j'ai appelé maman pour lui dire que j'avais acheté un restaurant qui s'appelle Le Chardenoux, elle m'a répondu : « Chardenoux, comme Jean-Paul Chardenoux, le patron de ton père ? » Je me rends compte à cette occasion que je viens de reprendre une adresse dont j'entends parler depuis des années. Jean-Paul Chardenoux, qui dirige l'entreprise de pièces automobiles où travaille alors papa, lui a souvent répété que sa famille possédait un restaurant à Paris. Mon père n'est pas peu fier d'annoncer à son patron que son fils vient d'en faire l'acquisition.

N'ayant pas d'argent à investir moi-même, je sollicite un prêt de cinq cent mille euros à la banque. Après avoir racheté le bail, investi dans de la vaisselle et remplacé les banquettes qui semblaient dater de l'inauguration en 1908, le budget restant pour les travaux se résume à une peau de chagrin. Ce n'est pas un problème, parce que je sais que je peux compter sur la solidarité du réseau aveyronnais pour m'épauler. J'appelle des copains de Rodez, qui viennent poncer et repeindre la façade, poser le carrelage dans les toilettes, retaper les pieds des tables, nettoyer le restaurant à grande eau. Quelques mois après que j'ai visité le lieu, sa nouvelle version est prête à ouvrir.

La carte jette un pont entre mes racines et ma formation chez des chefs qui osent tout. En entrée, il y a du foie gras sous trois formes différentes (terrine, ravioles et pâté en croûte) ; parmi les plats de résistance, j'ai un faible pour celui d'influence basque, la poêlée de chipirons, piperade à la basquaise et piment d'Espelette ; les clients apprécient toujours les gnocchis de pommes de terre à la crème de langoustine ou la brochette de Saint-Jacques au chorizo bellota, servie avec une purée de patates qui arrive à part dans une petite cocotte Staub. Les desserts se doivent d'être classiques et réconfortants, comme l'éclair caramel beurre salé, la gaufre au praliné et chantilly ou le pain perdu aux framboises et glace pistache de Sicile.

Je n'ai pas de doute sur le fait qu'un deuxième restaurant, c'est beaucoup de travail en plus. Le plus dur pour moi consiste à accepter de ne plus tout contrôler puisque, par la force des choses, je ne peux pas être partout à la fois. Je suis rapidement rassuré : la notoriété aidant, Le Chardenoux fonctionne très bien dès les premières semaines. J'ai l'impression de transformer l'essai puisque les réactions des clients sont positives et le cahier de réservation demeure rempli au fil des mois.

Et pourtant. De même que j'ai découvert en ouvrant Le Quinzième l'antipathie des chefs qui condamnaient le mariage entre la gastronomie et la télé, je me suis rendu compte avec le lancement du Chardenoux que la presse n'était guère plus clémente. Les articles ont parlé de moi, de mon physique, de mon accent, de mes apparitions cathodiques, ont devisé sur mes ambitions, mes émissions, mon attitude, mes plans de carrière. De cuisine, il a très peu été question. À l'époque, ce mépris m'a blessé ; avec le temps, j'ai appris à ne plus y prêter attention. L'essentiel, ai-je appris, ce sont les clients ; c'est s'assurer qu'eux sont toujours contents.

Recette de l'émietté de tourteau, salade de pommes de terre tièdes en vinaigrette

TEMPS	1 h 10 – préparation : 35 mn cuisson : 35 mn
PERSONNES	4

LES INGRÉDIENTS
Pour l'émietté

2 tourteaux de 800 g
1 clou de girofle
1 branche de thym frais
½ feuille de laurier
10 graines de poivre noir
10 g de gros sel
50 g de mayonnaise maison
1 trait de vinaigre balsamique blanc
100 g d'eau
1 botte de ciboulette
1 sucrine
Poivre du moulin
Sel fin

Pour la salade de pommes de terre

6 petites pommes de terre rattes
10 g de gros sel
1 tour de poivre du moulin
Sel fin

Pour la décoration

15 tomates cerises
4 brins de cerfeuil
Fleur de sel de Guérande

1 L'ÉMIETTÉ

Dans un grand faitout, verser assez d'eau pour recouvrir les tourteaux. Plonger les condiments aromatiques (girofle, poivre, thym, laurier) et le sel. Porter à ébullition. Plonger les tourteaux, les laisser pendant 25 à 30 minutes. Au terme de la cuisson, baisser le feu et les égoutter. Les laisser refroidir sur un plat, puis les décortiquer. Mettre de côté dans le réfrigérateur.

Dans un saladier, préparer la vinaigrette en mélangeant la mayonnaise avec le vinaigre et l'eau, assaisonner de sel fin et de poivre. Mettre de côté.

Éplucher et tailler finement les feuilles de sucrine. Dans un saladier, ajouter ces feuilles taillées à la chair de tourteau, avec la ciboulette finement coupée. Au moment de servir, assaisonner de vinaigrette puis de sel fin et d'un tour de moulin à poivre.

2 LA SALADE DE POMMES DE TERRE

Déposer les pommes de terre épluchées et rincées dans une casserole d'eau froide salée. Porter à ébullition, les laisser cuire jusqu'à ce qu'elles soient fondantes. Au terme de la cuisson, égoutter les pommes de terre et mettre de côté. Ajouter une pincée de sel fin.

3 LA DÉCORATION

Couper les tomates cerises en rondelles, mettre de côté au frais. Tailler les pommes de terre tièdes en morceaux. Les assaisonner de vinaigrette ou mayonnaise. Saler, poivrer.

Dans les assiettes, déposer les emporte-pièces de 8 cm de diamètre, y placer une cuillerée à soupe de pommes de terre. Tasser légèrement puis déposer par-dessus le mélange tourteau-sucrine. Placer sur le tourteau les rondelles de tomates se chevauchant légèrement en formant plusieurs corolles, puis assaisonner de fleur de sel. Décorer avec des brins de cerfeuil et, tout autour, quelques points de vinaigrette.

L'Équinoxe

Ce que je préfère dans l'Équinoxe, c'est ce velours gris qui enrobe tendrement le gâteau. Pour déposer cette poudre de beurre de cacao mélangée à un colorant naturel, il faut utiliser un pistolet à peinture spécialement conçu pour la pâtisserie. Lorsqu'on appuie sur la gâchette, le spectacle commence, le chocolat anthracite maintenu à quarante-cinq degrés s'échappe du canon, se disperse dans les airs, tombe comme une averse de neige sombre.

L'Équinoxe, ce n'est pas qu'un objet esthétique, c'est avant tout une histoire de goût. Le biscuit spéculoos croustillant et le cœur crémeux caramel beurre salé se marient à une ganache montée à la vanille Bourbon – soit une déclinaison de la ganache classique (c'est-à-dire chocolat et crème bouillante), simplement fouettée pour obtenir une texture aérienne mais plus ferme qu'une chantilly. En bouche, avec ce bon goût de chocolat, c'est une véritable caresse.

« Et si on faisait un gâteau gris ? » Peu de temps après qu'on a commencé à travailler ensemble, mon associé en pâtisserie Benoît Couvrand m'a posé cette question déroutante. Synonyme de ciel morose, de bitume, de poussière, c'est sans doute la dernière couleur à laquelle on pense quand on cuisine parce qu'il n'existe quasiment pas d'aliments gris. Malgré ces inconvénients, mon instinct me dit que Benoît tient là une bonne idée. J'ai bien fait de lui faire confiance : le succès de l'Équinoxe a grandement participé au développement de notre pâtisserie. Les clients l'apprécient parce qu'il est bon, et l'achètent de nouveau parce qu'ils s'en souviennent : le gâteau gris, on le trouve chez Cyril Lignac.

Quand je me suis installé à Paris, lancer une pâtisserie ne faisait pas partie de mes projets. Mais un concours de circonstances m'a fait changer d'avis. Début 2011, je possède alors deux restaurants : Le Quinzième et Le Chardenoux. Pour les ravitailler en pain, je passe commande à la boulangerie située en face du Chardenoux. Le propriétaire est un gentil monsieur un peu fatigué ; sa femme m'explique qu'à leur âge avancé, tous deux en ont assez du rythme que leur impose le métier. Un jour, elle me glisse qu'ils aimeraient prendre leur retraite. Je lui réponds que lorsqu'ils seront prêts à vendre l'établissement, ils n'auront qu'à me faire signe, je pourrais y installer un labo de pâtisserie pour alimenter Le Chardenoux en desserts, et une boulangerie afin de proposer mon propre pain aux clients de mes deux restaurants.

Peu après, lors d'un événement pour une marque où je cuisine la partie salée d'un repas, je fais la rencontre du chef pâtissier de chez Fauchon qui, ce soir-là, se charge des desserts : Benoît Couvrand. C'est la première fois qu'on se rencontre, mais le courant passe immédiatement entre nous. On est de la même génération, on partage le même goût pour le sucré, la même envie d'entreprendre. Après une décennie passée chez Fauchon, il a envie de changement.

Je lui dis que si je lance une pâtisserie, j'aimerais que ce soit avec lui.

Quelques semaines plus tard, un jour où je travaille au Chardenoux, un commerçant du quartier avec qui je discute dans la rue m'annonce que ça y est, le boulanger a vendu. Cette nouvelle me provoque un pincement au cœur car, sans me l'avouer, j'avais commencé à m'habituer à l'idée qu'un jour, cette boutique serait ma pâtisserie. J'aime le fait qu'elle ne soit pas trop grande – une trentaine de mètres carrés de surface de vente – mais très bien fichue, à l'angle de deux rues passantes, avec de belles vitrines traversées de lumière. Déçu, je retourne au Chardenoux digérer la nouvelle, lorsque j'aperçois le boulanger arriver en trombe vers moi : « Cyril, c'est bon, on te vend la boutique ! »

Sur le moment, j'ai du mal à y croire, et le boulanger n'éclaire pas ma lanterne quant aux raisons de ce retournement de situation. Mais un peu plus tard, lorsque je croise la boulangère, elle me murmure à l'oreille : « On s'était engagés auprès de toi. Je le lui ai rappelé. » Je la regarde, elle a le sourire satisfait de la personne tenace qui a obtenu gain de cause. Si elle n'avait pas été là, si elle n'avait pas disputé son mari, je ne sais pas si je me serais lancé dans le sucré.

Le montage de ce projet est allé relativement vite. Avec Benoît, on se concentre sur le goût et les textures, et on travaille en fonction des saisons, des fruits que la nature peut nous offrir. Notre méthode, la plupart du temps, s'organise autour d'une nette répartition des rôles : j'essaie d'imaginer le gâteau de mes rêves, je le lui raconte, il pose les limites de ce qui lui semble possible, on réfléchit ensemble à la réalisation qu'il met en œuvre.

Le travail est efficace parce qu'on partage le même idéal : faire simple. L'agencement de la boutique doit mettre en valeur les gâteaux, qui trôneront en majesté au milieu de l'espace, dans une vitrine de laiton et de marbre, avec, aux murs, une peinture dans les tons caramel et des étagères en chêne clair pour évoquer la couleur du chocolat. À cette époque où les pâtissiers ont tendance à produire des desserts toujours plus graphiques et sophistiqués, nous nous projetons dans une pâtisserie de quartier qui soit un vrai commerce de proximité, où l'on trouve aussi bien du pain, des viennoiseries, des sandwichs, du jus d'orange que des oursons en guimauve et, bien sûr, des gâteaux. Et par gâteaux, j'entends : des éclairs, des babas, des tartes au citron…

Globalement, on aspire au classicisme, en s'accordant le droit d'apporter une touche de modernité si nécessaire. Cela correspond à la manière dont j'envisage l'existence : vivre avec son temps, sans oublier d'où on vient, ses racines. Benoît et moi avons remis au goût du jour le baba au rhum, alors tombé en désuétude. On s'est penchés sur la tarte au citron, dont on a un peu complexifié l'aspect avec le temps, mais qui est restée fidèle à son identité (l'acidité de l'agrume, le craquant de la pâte). L'Équinoxe est une création à l'allure déroutante, mais c'est plutôt l'exception que la règle.

Il m'est impensable d'intellectualiser les gâteaux. La pâtisserie, c'est le royaume de l'enfance. Comme du temps de l'Aveyron, j'ai envie du plaisir immédiat que procure un ourson en guimauve et chocolat, d'un éclair au praliné dont je vois dans la vitrine qu'il est dodu, dont je devine que la pâte sera croquante et la crème généreuse. Je peux aussi avoir envie d'un saint-honoré, d'un paris-brest, d'une religieuse, d'un cake marbré. Mais je n'ai pas d'appétit pour des pâtisseries complexes : un éclair chocolat-cassis au piment d'Espelette ou un cake aux agrumes mentholés peuvent m'inspirer de la curiosité, tout au plus.

Privilégier des pâtisseries lisibles ne signifie pas qu'elles ne sont pas raffinées, au contraire. La simplicité ne supporte pas la médiocrité. Si je propose une recette de cake marbré – gâteau que tout le monde peut préparer chez soi en quinze minutes –, je le pare d'un enrobage lait et amandes, et, à l'intérieur, la partie cacaotée est un mélange de chocolat et de feuilletine pralinée. Pour distinguer mon cake au citron de celui que l'on fait à la maison, je l'enrobe d'une fine couche de glaçage craquant au jus de citron et d'aiguillettes de citron confit.

La pâtisserie que j'ai apprise pendant mon CAP dans les années 1990 était très tournée vers un certain type d'entremets, de gros pavés lisses dont on ne pouvait deviner ce qu'ils renfermaient jusqu'à ce qu'on les coupe et découvre une superposition de mousse, biscuit roulé, biscuit joconde, croustillant, purée de fruit, gelée… C'était l'heure de gloire du bavarois, du framboisier, du royal au chocolat, qui avaient l'avantage de faciliter la vie du pâtissier, puisqu'ils se congèlent sans problème.

Lorsque l'image de la pâtisserie a été revalorisée en même temps que celle de la cuisine, lorsque l'artisanat et les métiers de bouche ont retrouvé leur pouvoir d'attraction après des décennies de mépris, l'offre a changé. D'un extrême, on est passé à l'autre.

Les pâtissiers ont eu envie de gâteaux proches de l'orfèvrerie, d'œuvres d'art miniatures où l'on devine le geste du maître dans le pochage légèrement vacillant d'une crème qu'une machine aurait bêtement exécuté à la perfection. On est revenu à des gâteaux frais, des techniques complexes que seul l'artisan chevronné peut maîtriser. Les entremets sont devenus des bijoux, leurs prix se sont envolés parce que leur réalisation nécessite davantage de main-d'œuvre et davantage de temps.

Ce qui me plaît, c'est de faire une pâtisserie équilibrée, où l'on prépare les meilleurs gâteaux possibles en les rendant accessibles, à la fois dans l'idée (ma tarte aux framboises ne ressemble à rien d'autre qu'à une tarte aux framboises) et par le prix. Ce choix est dicté par la bonne et simple raison que je veux parler à tout le monde.

Finalement, la pâtisserie que j'avais créée pour alimenter mes deux restaurants a été dépassée par son succès : le premier jour, on a vendu dix éclairs, le lendemain trente, et la semaine suivante, deux cents. On en a ouvert une deuxième dans le seizième arrondissement, près du palais de Chaillot, puis trois autres, ainsi qu'un grand atelier de fabrication à Saint-Ouen pour les ravitailler.

Le poulet au citron

Dans ma famille, on ne partait pas en vacances, à l'exception d'une semaine par an, pendant l'été, où ma sœur, mes parents et moi nous serrions dans la Renault 21 avec en remorque une caravane pliante, en direction de Palavas-les-Flots. C'était pratique, deux heures de route à peine, dans nos moyens, et nous avions l'assurance presque jamais déçue d'un temps clément. Les journées se succédaient paisiblement et connaissaient chaque soir le même dénouement plaisant, quand nous partions tous les quatre acheter une glace sur le port, jusqu'à la veille du départ, où maman – qui tenait les cordons de la bourse – nous annonçait avec un air malicieux : « Allez, ce soir, je vous paye le restaurant ! »

Le rituel se reproduisait avec une parfaite exactitude chaque année, et il n'a jamais cessé de m'emplir de joie. Comme on ne dînait jamais ailleurs qu'à la maison le reste du temps, cette sortie prenait un caractère exceptionnel, quand bien même on savait d'avance qu'on irait sur le port pour manger des moules-frites. Ce plat était en soi déjà un synonyme de fête : plonger ses mains dans un bol de frites grasses, se chamailler autour des coquilles, sentir la peau du ventre bien tendue après avoir bu tout le bouillon des moules.

Longtemps, mon horizon s'est résumé à l'Aveyron et ce périple estival dans le Languedoc. Puis j'ai emménagé à Paris, où le dépaysement était si profond que je n'imaginais pas utiliser mes rares vacances à autre chose qu'à rentrer à Rodez. Quand je me suis habitué au changement de décor, pendant des années, j'ai limité mes congés aux frontières de la France, riche de terroirs et de paysages si variés que je ne voyais pas l'intérêt d'aller plus loin. Puis un beau jour, je suis monté dans un avion qui m'a sorti de ma terre patrie.

Pour être tout à fait honnête, quand j'ai pénétré dans la carlingue, je n'en menais pas large. Mes craintes concernaient moins la capacité de l'engin à s'élever dans les airs que l'arrivée dans l'inconnu, la perspective de la perte des repères en territoire étranger. Ce premier voyage a mal débuté : ma valise ne m'a pas suivi, et quand je suis arrivé à Marrakech, où je devais passer le week-end, je n'avais rien à me mettre sur le dos. Sachant que je venais pour une soirée habillée, je me sentais particulièrement penaud.

J'étais invité par l'investisseur du Quinzième, propriétaire de plusieurs adresses à Paris et à Marrakech. Il organisait une petite fête dans le restaurant qu'ils venaient d'acquérir, le Grand Café de la Poste, situé à Guéliz, hors des remparts de la médina. Après douze ans de fermeture, il venait d'être refait à neuf par les architectes et décorateurs Olivier Marty et Karl Fournier du Studio KO – avec qui j'ai travaillé pour tous mes restaurants par la suite – qui avaient respecté la décoration historique d'inspiration mauresque mâtinée d'un style colonial chic. Créé dans les années 1920, sous le protectorat, le Grand Café a fait autrefois office de relais postal (d'où son nom actuel), avant de devenir un lieu à la mode, où le peintre Jacques Majorelle et le général Lyautey avaient pris leurs habitudes. En 2005, c'est un café-brasserie couru de l'ancienne cité impériale. Et l'investisseur du Quinzième propose de me confier la carte.

Ma découverte du Maroc est indissociable de celle des épices : la coriandre, le gingembre, le cumin, le paprika, le poivre, le curcuma, le clou de girofle, le safran. Tous les plats que j'ai goûtés ou préparés là-bas étaient riches de saveurs familières capables d'emmener le palais ailleurs. Je connaissais déjà un peu la cuisine locale, j'avais des copains dont les parents cuisinaient marocain à la maison. Avant de partir, je savais que la cuisine marocaine était bonne ; sur place, je me suis rendu compte que c'était une merveille.

J'ai accepté sans hésiter de m'occuper du Grand Café de la Poste. Le contrat n'était pas trop contraignant, je passais quatre jours par mois à Marrakech, où je travaillais avec la cheffe marocaine Sana Gamas qui gérait le restaurant au quotidien. L'idée était de construire une carte de brasserie française avec des plats marocains. On proposait aussi bien de la tarte à l'oignon que des keftas, une salade de chèvre chaud en vinaigrette aux herbes qu'un poulet rôti aux olives et au thym berbère.

Sana m'a suggéré une recette qu'elle faisait à la maison, et qui me donne l'eau à la bouche rien que d'y penser : le poulet au citron. Elle prenait une volaille qu'elle aspergeait de jus de citron et de gros sel, la plongeait dans une marinade d'huile et d'épices pendant deux jours, avant de la passer à la poêle. C'est une viande que l'on servait avec une belle salade et des légumes, et je me souviendrai toujours de la délicieuse odeur qui l'accompagnait quand on l'apportait en salle.

Cette parenthèse marocaine m'a donné l'idée d'une cuisine différente, qui transporte dans un ailleurs exotique sans bousculer les repères de notre palais. C'est cette sensation de dépaysement doux que j'ai plus tard essayé de transcrire dans les plats de mes restaurants, qui doivent porter le goût du voyage mais avec un équilibre des saveurs qui leur évite d'être étiquetés marocain, japonais ou mexicain.

Avec le temps, et à force d'enchaîner les allers-retours entre Paris et Marrakech, ma peur du voyage s'est effacée. Et après le Maroc, je me suis envolé pour l'Islande, le Japon, l'Inde, l'Argentine. Mais l'expérience la plus fondatrice reste New York.

Le *lobster roll*

New York, 2005. On ne cesse de me parler de Momofuku, un restaurant qui vient d'ouvrir à Manhattan, dont l'excellente réputation rend difficile l'obtention d'une table, à moins de venir dîner de très bonne heure. Le soir où j'arrive suffisamment tôt pour pousser la porte du restaurant sans repartir bredouille et où je découvre les lieux, j'ai un instant d'arrêt : la plupart des convives sont installés en rang d'oignons le long d'un comptoir ouvert sur la cuisine d'où émane une odeur de friture. Entre les bruits des casseroles et la musique poussée à fond, le volume sonore dépasse l'entendement. Un peu déstabilisé, je prends place au comptoir et commande une bière.

Après une première gorgée rafraîchissante apportée par un serveur tatoué en jean et baskets, je trouve que, finalement, le bruit n'est pas si assourdissant, puis les enceintes se mettent à jouer *She's A Rainbow*, un morceau des Rolling Stones qui parle à mon cœur. Je cesse de réfléchir et d'analyser mon environnement pour profiter de l'instant. J'ai devant moi un spectacle fascinant, celui des cuisiniers au moment du coup de feu ; leurs gestes précis exécutés à un rythme soutenu et leur aisance sont plaisants à observer. Au comptoir, on ne se sent pas mal à l'aise d'être seul, et à deux, on profite d'une intimité décontractée. À côté de moi, j'observe un couple se parler à l'oreille, mais aussi cesser de discuter sans qu'une table entre eux ne vienne souligner le silence du tête-à-tête.

Enfin, le poulet frit au chili thaï, les crevettes accompagnées d'une mayonnaise épicée, les champignons rôtis et le ramen de porc fumé atterrissent devant moi, et le festin commence. Cette cuisine inqualifiable mélange toute l'Asie, laisse les doigts collants, les papilles en transe parce qu'elle est parfaitement exécutée, les cuissons impeccables, les assaisonnements justes. Ce que je viens d'engloutir procure le plaisir immédiat du fast-food, mais avec la qualité d'un restaurant étoilé. Cette soirée m'a laissé un souvenir, celui de m'être dit : « Cette expérience de repas est tellement agréable. Si elle me touche, elle touchera aussi mes clients. »

J'avais apprécié New York lorsque j'y avais fait quelques courts séjours où, comme tous les vacanciers, j'étais allé voir la statue de la Liberté et je m'étais promené dans Central Park. Ma vision de la ville a changé en 2013. À cette époque, mon amie habite là-bas, et je partage ma vie entre Paris et les États-Unis. Pour la première fois, je n'ai plus le statut de touriste, je ne dors plus à l'hôtel, je suis installé dans un appartement à Manhattan et je vis là-bas comme un New-Yorkais.

De l'autre côté de l'Atlantique, j'ai moins la tête dans le guidon qu'à Paris, où je suis toujours rattrapé par le quotidien, débordé par la gestion des restaurants, des pâtisseries, des émissions. Je prends le temps de me balader dans la rue où personne ne me reconnaît. J'observe les cafés, les bars, les restaurants, les habitudes et le mode de vie des locaux.

New York est sans doute la plus européenne des grandes villes américaines, mais en ce qui concerne la gastronomie, tout est tellement différent de Paris ! Je suis impressionné par les volumes des restaurants, les hauteurs sous plafond extraordinaires, les salles perchées au dix-huitième étage de gratte-ciel d'où l'on embrasse la ville d'un regard par une baie vitrée. L'amplitude ne concerne pas seulement l'espace, mais aussi le nombre de couverts, toujours beaucoup plus important qu'à Paris. Là-bas, des trois-étoiles semblent aussi denses et vivants que des cantines de quartier.

Pendant mes séjours, je teste mille et une sortes de bières, des épices dont je n'avais jamais entendu parler, des brunchs sophistiqués où l'on ne sert pas que des œufs brouillés. Je m'aperçois que des produits familiers comme les fruits de mer surprennent mon palais quand ils sont servis avec de la sauce *chipotle* à base de piment *jalapeño* plutôt qu'avec une mayonnaise. J'appréhende l'agriculture sous un angle nouveau en me rendant chez Dan Barber, qui pratique le concept « de la ferme à la table », c'est-à-dire qu'on mange dans son restaurant les produits qu'il cultive dans son potager.

Je goûte au plaisir de prendre un café à emporter, et constate en le buvant qu'il est délicieux, mille fois meilleur que le robusta bon marché qu'on nous sert souvent au comptoir à Paris. Dans ces *coffee shops*, on peut avoir le choix : sélectionner l'origine et le mode d'extraction de son café, quel type de lait l'accompagne (de vache, soja, amande, avoine), dans quel format. Ici, le client est roi, et personne ne songe à le prendre de haut quand il annonce au serveur qu'il est végétarien, intolérant au gluten ou au lactose.

Je m'aperçois qu'il n'y a pas forcément de lien entre la qualité de la cuisine et le raffinement du décor. On peut manger un produit aussi noble que le homard dans un sandwich, debout dans la rue. Et savourer une denrée aussi raffinée dans un cadre aussi simple, c'est fantastique. La première fois que j'ai croqué dans un *lobster roll*, que le mélange de pain brioché, sauce cocktail et homard a atteint mes papilles, j'en ai pleuré tellement c'était bon.

Outre ces plaisirs simples qui ponctuent mon quotidien, je découvre une autre manière d'envisager le repas gastronomique. Quand les New-Yorkais arrivent au restaurant, ils prennent leur temps et commencent par s'installer au comptoir avec un cocktail en guise d'apéritif. À table, certains boivent du vin ou de la bière, d'autres poursuivent sur leur lancée et demandent au mixologiste de trouver des cocktails qui se marient avec les plats à partager qu'ils commandent de façon collégiale, ajustant leur nombre au fur et à mesure du repas. La cuisine se dote parfois d'un caractère identitaire et est clairement rattachée à une culture, mais le plus souvent, elle mélange sereinement les influences mexicaines, japonaises, italiennes. Le service se caractérise par un mélange de compétence et décontraction – deux caractéristiques qui semblent antithétiques dans nos contrées. Voir les New-Yorkais appréhender le repas avec une telle liberté m'a abasourdi.

En France, à cette époque, il y a encore tant de règles. Chez nous, la cuisine est une affaire sérieuse, et il convient de le montrer. Dans les restaurants gastronomiques, le cérémonial peut peser lourd : qui dit grande table dit souvent aussi grande nappe, argenterie, serveurs en habit. Le repas s'étire, statique. Il commence avec des amuse-bouches et se conclut par des mignardises, même quand on est arrivé à satiété depuis longtemps. Dans les cas les plus extrêmes, il faut compter avec le trou normand, le prédessert, et le financier qu'on vous emballe dans un sac avant de partir.

On envisage rarement d'autres accords de boissons que le vin, proposé par un sommelier dont la haute fonction est soulignée par une broche en forme de grappe de raisin au col de sa veste. La plupart parlent de leurs bouteilles avec des termes techniques sans toujours se soucier d'être compris. Aux fourneaux, la fusion est déconsidérée : pour être tenue en estime, la cuisine proposée doit être associée à une culture, française la plupart du temps, et faire l'apologie d'un terroir.

Au début des années 2010, en France, les chefs plus jeunes du mouvement « bistronomique » bousculent les habitudes avec des assiettes particulièrement inventives, mais imposent pour la plupart un menu unique où le client ne choisit rien. Dans le souci d'être compétitifs côté prix, ils investissent exclusivement dans les produits au détriment du cadre, souvent minimaliste. Au final, l'ancienne et la nouvelle école de la gastronomie française se rejoignent sur un point : la cuisine, c'est sacré. Si on vient au restaurant, c'est moins pour s'amuser que pour lui rendre hommage.

Avant mon séjour new-yorkais, j'ai pensé toutes mes enseignes en respectant ce code tacite de conduite. Au fil des ans, j'ai, sans même m'en rendre compte, intégré l'idée qu'il était plus important d'entrer dans le moule que de me faire plaisir. J'ai cherché la reconnaissance de mes pairs sans me poser la question de ce que j'avais envie de cuisiner, de quelle expérience je voulais offrir à mes clients.

New York a été un révélateur : j'ai trouvé quelle était la voie qui me correspondait. Soudain, tout m'a paru évident.

Le foie gras poêlé au soja

Rien ne m'apporte plus de réconfort que du foie gras poêlé comme on le cuisine dans l'Aveyron. Chez moi, on a l'habitude de le passer à la plancha jusqu'à ce qu'il soit mi-cuit, paré d'une croûte bien croustillante mais fondant à l'intérieur. On le pose alors sur une tranche de pain de campagne chaude, légèrement craquante et avec un peu de fleur de sel dessus. Difficile de résister à l'appel du gras, de la chaleur et du sel.

Après m'être confronté à New York, j'ai reconsidéré cet idéal. Les traditions de l'Aveyron sont formidables et méritent d'être préservées, mais dans mon restaurant à Paris, il m'a semblé important d'emmener ce plat ailleurs, de le rendre unique, de le transformer en réveil-papilles au lieu d'être simplement plaisant. Après une longue réflexion avec ma cheffe exécutive Aude Rambour et de multiples essais, j'ai trouvé l'accord idéal en mettant au point une sauce soja, rehaussée d'agrumes et de gingembre. En bouche, on retrouve le goût du bon foie gras fouetté par le côté aigre-doux ; au lieu de rester sur le gras, le palais garde une impression de fraîcheur. En d'autres termes : c'est l'autoroute du plaisir.

La première enseigne où j'ai mis en pratique mes découvertes new-yorkaises, c'est au Chardenoux des Prés, que j'ai acquis en 2011, l'année où j'ai aussi lancé la pâtisserie. À cette époque, je possède deux restaurants, Le Quinzième, qui a déjà six ans, et Le Chardenoux, qui en a trois. Les deux affaires fonctionnent bien, je me dis que je pourrais sauter le pas et chercher une troisième adresse, plutôt rive gauche.

La quête n'est pas facile, car comme pour Le Chardenoux, je cherche un lieu qui a une histoire, une patine. J'aime l'idée de me glisser entre des murs capables de raconter cent ans de vie parisienne, et de les transformer à ma guise, avec le respect dû à leur grand âge. Je fais savoir à mon entourage que je cherche une nouvelle enseigne et, bientôt, j'apprends qu'une table fameuse dans le quartier de Saint-Germain-des-Prés est à vendre, qu'elle aurait été proposée à tout Paris, mais qu'aucun repreneur ne s'est présenté : le Claude Sainlouis.

Claude Sainlouis est un acteur ayant connu son heure de gloire à la fin des années 1950. Sa carrière cinématographique n'avait duré que quelques années, après quoi il s'était tourné vers la restauration. Il avait cultivé des amitiés dans le milieu du show-biz qui lui valaient un nombre régulier de vedettes et de mannequins à sa table. Dans les années 1970, son restaurant était même devenu une étape culinaire incontournable des soirées de la rive gauche parisienne. La convivialité du patron ainsi que la réputation de son steak frites et de son mille-feuille gargantuesque attiraient aussi des célébrités au profil plus classique, comme François Mitterrand ou la reine Fabiola des Belges.

Dans les années 1980, l'étoile du lieu a pâli. Sainlouis a vieilli, quitté les cuisines mais est resté vaillamment à l'accueil jusqu'en 2000, année où il a cédé son affaire au restaurateur Daniel Vermot. Son successeur a changé le nom, le Claude Sainlouis est devenu La Table des présidents, mais la formule qui avait si longtemps fonctionné n'a pas bougé : une cuisine du terroir, toujours le même comptoir de bois patiné, des banquettes grenat, et l'éternel papier peint fleuri sur lequel il a accroché des portraits de présidents français. Ses accointances avec le monde de la politique lui valent la présence de ministres, de sénateurs.

Quand j'apprends que l'enseigne est à vendre, je décide d'aller voir. Un soir d'hiver, je m'offre une promenade à travers Saint-Germain-des-Prés, je passe à l'ombre de l'église de style roman, longe les Deux Magots et le café de Flore, puis remonte la rue du Dragon jusqu'à la grille fermée du restaurant. Ce que je vois alors ne m'inspire guère : la salle est sombre et exiguë. Je perçois moins le cachet historique que l'usure évidente de ce restaurant à bout de souffle. Déçu, je passe mon chemin.

Les jours se succèdent, et je ne cesse de penser au Claude Sainlouis. Ses défauts sautent aux yeux, mais impossible d'ignorer qu'il possède aussi de solides atouts. Outre sa réputation, sa situation géographique est intéressante : la rue du Dragon est une artère calme avec beaucoup de potentiel entre le carrefour de la Croix-Rouge et le boulevard Saint-Germain, deux secteurs vivants, animés par des cafés, bars et restaurants. Surtout, je n'arrive pas à m'ôter une idée de la tête : si personne ne l'a choisi, c'est qu'il m'est destiné. Je finis par appeler le propriétaire, et un prêt de la banque plus tard, il est à moi.

Comme pour Le Chardenoux, j'ai envie de garder l'esprit du lieu. Mais force est de constater qu'il n'y a rien à récupérer dans ce restaurant qui ne semble pas avoir été rénové depuis son ouverture en 1960. Rien n'est aux normes, le compteur électrique dégringole du plafond au-dessus des tables, la cuisine est impraticable. À la cave, qui se résume à un amas de terre battue, je découvre trois rouleaux de papier peint neufs – le motif fleuri sur fond noir qu'avait choisi Claude Sainlouis – soigneusement emballés dans du plastique. Je le fais poser au mur, mais il est tellement voyant qu'il faut faire appel à des artisans pour qu'ils appliquent une patine à même d'adoucir les couleurs.

On restaure le carrelage moutarde, commande des banquettes en cuir cognac, fait poser un bar en marbre plus large et plus confortable que l'ancien, et chine quelques lampes pour compléter le tableau vintage. Au final, on a tout changé, sauf l'atmosphère. Régulièrement, des clients me disent qu'ils venaient manger la côte de bœuf-frites du temps de Claude Sainlouis, et que ça leur fait plaisir de retrouver l'ambiance. Moi, ce qui m'importe, c'est de préserver l'histoire d'un lieu quand il a la chance d'en avoir une.

En matière de cuisine, je raisonne simplement : puisque Le Chardenoux du onzième arrondissement fonctionne très bien avec sa cuisine bistrot traditionnelle dans l'air du temps, je me contente de dupliquer la carte qui assume le confort du pâté en croûte, du ris de veau, du baba au rhum. L'enseigne, que je rebaptise Le Chardenoux des Prés, rencontre un vif succès avec cette formule pendant environ deux ans.

Fin 2013, je commence mes allers-retours vers New York. Chaque fois que je rentre à Paris, la nécessité d'engager ma propre révolution m'apparaît de plus en plus clairement. Jusqu'à ce jour où j'annonce à mes équipes : « Les gars, on est à côté du vélo, il faut tout changer. »

Mes efforts se sont d'abord concentrés sur Le Chardenoux des Prés. J'ai commencé par simplifier le nom : l'enseigne est devenue Aux Prés. Une manière aussi de se distinguer du Chardenoux de la rive droite, d'assumer l'idée que chacune de mes adresses possède sa propre personnalité. J'ai demandé aux serveurs d'enlever les cravates noires et les tabliers qui constituent l'uniforme du cafetier parisien désagréable et de se vêtir de façon plus informelle, en chemise, jean et baskets Stan Smith. Le comptoir a été repensé pour qu'il se transforme en bar à cocktails avec un mur lumineux de bouteilles de spiritueux géré par un mixologiste. On a augmenté le volume sonore de la musique et baissé l'intensité des lumières.

J'ai revu la carte pour qu'elle fasse sens avec la nouvelle ambiance chic et décontractée : je me suis autorisé à imaginer des mets à partager plutôt que le sempiternel menu entrée-plat-dessert, à twister la cuisine, à utiliser un peu plus d'épices. Mais quitter le confort des accords classiques ne se fait pas sans effort. Je doute, passe des heures à mettre au point de nouvelles assiettes, jusqu'à être sûr de leur potentiel.

Le jour où je fais goûter à une collaboratrice mes lamelles de Saint-Jacques un peu épaisses, rangées en rosace, en alternance avec des navets très fins et du kumquat, couronnées d'une vinaigrette au *jalapeño*, et que je vois sa bouche se fendre en un sourire, je sens que je tiens le bon bout. Si le mélange entre la suavité du coquillage, l'amertume croquante du légume, l'acidité de l'agrume et le piquant du piment atteint à mon avis un summum d'harmonie, il doit plaire aux autres aussi.

En 2016, alors que le succès de la nouvelle version des Prés m'a conforté dans mes convictions, le local mitoyen du restaurant est à vendre. C'est un centre de bronzage. Autrement dit, une bonne dose d'imagination est nécessaire pour s'y projeter, mais il faut croire que la mentalité new-yorkaise consistant à penser que rien n'est impossible a fini par déteindre sur moi. J'investis dans l'ancien Point Soleil, conscient que le local n'a pas de système d'extraction, donc qu'il est impossible d'y faire cuire quoi que ce soit. Qu'à cela ne tienne, on fera un bar à cocktails pour les clients qui attendent qu'une table se libère aux Prés, avec quelques plats sans cuisson à grignoter.

Je me concentre sur une cuisine de sushis et brode autour d'une carte d'obédience nippone dotée d'un grain de folie. Puisque je ne suis pas japonais, autant profiter de mon statut d'étranger pour proposer ma propre lecture de leur gastronomie. Je choisis un chef nippon spécialisé dans l'art du sushi capable de m'épauler dans cette aventure périlleuse, que je me force à concevoir sans frontières et sans limites.

Au Bar des Prés, puisque tel est son nom, les makis California recèlent une mayonnaise épicée. Je pioche mes influences dans toute l'Asie avec un rouleau de printemps farci de crabe royal aux légumes et mangue. Je n'ai pas peur de faire coexister sur la même carte des sashimis, un *lobster roll* breton et une galette croquante à l'avocat, au tourteau et curry Madras – qui ne tarde pas à devenir un best-seller.

Au bout de quelques semaines, je constate que rien ne se passe comme prévu : j'étais prêt à me faire étriller par la presse pour avoir dénaturé la cuisine japonaise, mais la plupart des critiques sont élogieuses. Les clients affluent, s'approprient le lieu et me forcent à revoir ma copie. Ceux qui viennent boire un verre, à plus forte raison des cocktails à base d'alcool fort, ont envie d'un vrai repas consistant. Les plats à manger sur le pouce rencontrent un tel succès que je me retrouve à transformer le bar en restaurant.

Encore aujourd'hui, force est de constater que le Bar des Prés fonctionne mieux que toutes mes autres enseignes. Il est animé d'une énergie que je ne retrouve ni au Chardenoux, ni aux Prés. Même quand on met tout son cœur dans la création d'un restaurant, le résultat nous échappe partiellement. Une alchimie se crée à un endroit et pas à l'autre, alors qu'on a utilisé les mêmes ingrédients, apporté le même soin aux détails. Indéniablement, on ressent de la frustration à ne pouvoir tout contrôler. Mais c'est cette part d'incertitude qui donne aussi le courage et l'appétit de recommencer à chaque fois de zéro, de se lancer dans l'inconnu en espérant que le meilleur est encore à venir.

Les côtes de veau

Le Bar des Prés a marqué un tournant dans ma carrière : c'est le moment où j'ai cessé de considérer la cuisine comme une performance à réaliser, et où je l'ai enfin envisagée comme un moment de plaisir à partager. En même temps, deux catastrophes dans ma vie privée – la mort de ma mère puis mon accident de scooter – m'ont conforté dans l'idée que la vie est trop précieuse et trop fragile pour qu'on la gâche à s'inquiéter de savoir ce que les autres pensent de nous.

En février 2018, dix ans après l'avoir repris, j'ai fermé Le Chardenoux pour une rénovation profonde. Un an plus tard, il a rouvert en adéquation avec mon idéal de restauration où l'on vient autant pour l'ambiance que pour la qualité de la cuisine. Au printemps 2019, j'ai pris la décision de me retirer de la course aux étoiles Michelin dans laquelle je m'étais lancé avec Le Quinzième.

J'y ai obtenu ma première étoile en 2012, soit sept ans après l'ouverture. Tout ce temps passé à attendre que l'astre diffuse sa lumière sur moi, je me suis raisonné en me disant que je n'avais peut-être pas encore le niveau, mais qu'à force de travail, j'y arriverais, car il existe un bon Dieu pour les courageux. Le jour où j'ai reçu le coup de fil m'annonçant la récompense, j'avais cessé d'espérer, je m'étais retiré dans l'Aveyron. La nouvelle m'a rendu fou de joie. Les sept années suivantes, j'ai fait tous les efforts possibles pour conquérir la seconde. On a mis au point des plats plus techniques et plus précis, divisé le nombre de couverts par deux et démultiplié le service, on a investi sans cesse dans la décoration et les rénovations.

Cette deuxième étoile n'est jamais arrivée ; en revanche, j'ai senti l'incompréhension et la frustration me gagner. Les explications que les directeurs du *Guide Michelin* m'ont fournies pour justifier leur décision ne m'ont pas éclairé sur la manière dont je pouvais améliorer mes assiettes.

À quarante et un ans, je me suis senti assez fort et assez libre pour renoncer à ce système de notation. Sans colère, sans en vouloir à quiconque, j'ai suivi le précepte de ma mère qui disait : « Les plus gênés s'en vont. » J'ai tiré le rideau du Quinzième, détruit sans regret ce bel ordonnancement que j'avais patiemment élaboré. Il fallait tourner la page du « restaurant de la télé » – puisque c'est encore ainsi que certains le voyaient – et faire place nette pour être capable de se projeter à nouveau dans ce lieu si chargé d'émotion. C'est au Quinzième que tout a commencé, c'était ma vitrine, mon joyau, où j'avais placé toutes mes ambitions gastronomiques. Il était temps d'appréhender la vie plus simplement.

Comme beaucoup de cuisiniers de ma génération, j'ai commencé par apprendre le métier sans m'amuser. Je l'avais choisi par dépit, parce que je ne supportais plus le regard inquiet de mes parents qui se demandaient : « Qu'est-ce qu'on va faire de Cyril ? » À l'école hôtelière et en CAP, je ne pensais jamais à goûter mes préparations. Je les considérais avec la même distance que mes rédactions en cours de français, certain que je n'avais pas la connaissance nécessaire pour les juger et intimement convaincu qu'elles n'étaient pas au niveau attendu.

Le réflexe de tester ce que je cuisinais est arrivé plus tard, lorsque enfin, je suis devenu un bon élève auprès de Nicole Fagegaltier. À cette époque, je goûtais les plats pour vérifier qu'ils allaient satisfaire les clients.

Jusqu'à récemment, je n'envisageais mon travail que sous l'angle de la performance et de la rigueur, de la même manière qu'un footballeur professionnel ne chausse ses crampons que pour s'entraîner et devenir meilleur, il ne lui vient pas à l'esprit de taper dans une balle pour le plaisir. Aujourd'hui, après presque trente ans de carrière, je cuisine pour mes clients, mais aussi pour moi.

La cuisine qui me procure le plus de joie, c'est peut-être lorsque je reçois des amis à la maison, et que la préparation solitaire d'un festin aboutit à un moment partagé avec ceux que j'aime. C'est une activité d'homme adulte : quand j'avais vingt ans et que je vivais dans neuf mètres carrés, la question de faire hôte ne se posait pas. J'ai commencé à recevoir des amis à l'approche de la trentaine. Indéniablement, plus le temps passe, plus j'aime jouer à domicile, sans pression, juste pour le bonheur d'être ensemble autour de plats cuisinés avec amour, comme le faisaient mes parents.

Désormais, lorsque je me mets aux fourneaux, je goûte à tout. Il me semble que la saveur du plat qui n'est pas tout à fait terminé est bien plus intense que lorsqu'il est servi. Je démarre les opérations tôt, vers l'heure du goûter, alors que j'ai le ventre creux. Je choisis une playlist conséquente et, sachant que cette activité va durer longtemps, j'ouvre aussi une bouteille de vin pour l'aérer, me laissant la possibilité de m'en servir un verre quand le soir commencera à tomber.

J'aime jouer une partition de cuisine qui n'a rien à voir avec celle que j'exécute au restaurant, mijoter des plats au four qui ne figurent pas à la carte car ils sont trop simples, trop classiques, tels que le gratin dauphinois ou des aubergines bolognaises. Me limiter à des grands plats à partager m'évite de me poser la question du dressage des assiettes : chacun se sert, prend ce dont il a envie. J'apprécie aussi de m'occuper du menu sans avoir à donner d'ordres à personne, sans répartir les tâches entre celui qui s'occupera de cuire la viande, celui qui préparera la sauce, celui qui sera responsable de la garniture. La cuisine est un sport d'équipe que j'ai aussi plaisir à pratiquer en solitaire.

En plat de résistance, mon choix se porte souvent sur des côtes de veau. Après les avoir laissées caraméliser dans une casserole avec de l'ail, du thym et du beurre, alors que la faim me tient au ventre et que l'odeur de cuisson me chatouille les narines, je ne peux pas résister à la tentation d'appuyer avec mon doigt sur la chair, le lécher, sentir le suc de la viande, rajouter un tour de moulin à sel. Pendant que le veau repose dans un papier aluminium, je réfléchis à la garniture. Purée de carottes ? Poêlée de cèpes ou de champignons de Paris ? Si je choisis l'option spores, j'ajoute de la crème crue. Chemin faisant, j'engloutis allègrement trois ou quatre cuillerées de champignons attendris par la matière grasse.

Ensuite, je prépare un beau plateau de fromages, et au passage, je me coupe un bout de comté ou de saint-nectaire que je croque avec un morceau de baguette, ce qui me donne l'occasion de préparer la corbeille à pain. Et qui dit fromages, dit salade ! Je lave une feuille de chêne dont je trie minutieusement les feuilles, et j'en plonge toujours une ou deux dans ma vinaigrette pour vérifier qu'elle est assez moutardée. Je m'attaque alors au dessert. Il m'arrive de prendre un gâteau de ma pâtisserie, mais ça ne m'empêche pas de compléter avec une généreuse salade d'oranges que je pèle à vif, puis découpe en suprêmes. Si ce sont des fraises, j'ai encore plus de mal à ne pas tout dévorer au moment de la préparation.

Finalement, quand vient le moment de dîner, je n'ai plus faim, puisque ça fait quatre heures que je grignote. Mais cela n'a pas d'importance, car j'ai éprouvé du plaisir aux fourneaux, et mes invités en auront à ma table.

Recette de la côte de veau de l'Aveyron à la crème et champignons

TEMPS	41 mn – préparation : 20 mn cuisson : 11mn – repos : 10 mn
PERSONNES	2

LES INGRÉDIENTS

1 côte de veau de 450 g
1 trait d'huile de pépins de raisin
1 brin de thym frais
25 g de beurre demi-sel
5 cl de porto rouge Sagres
200 g de champignons de Paris en lamelles et revenus à l'huile d'olive
100 g de crème fraîche d'Isigny
Sel fin
Poivre

1 Avant de commencer à cuire la viande, la laisser à température ambiante pendant 2 à 3 heures. L'assaisonner uniformément et abondamment de sel fin.

Dans la sauteuse large et bien chaude, verser l'huile et ajouter le beurre ; quand il mousse bien et qu'il commence à colorer, déposer la côte, ajouter le thym. Arroser la côte à la cuillère et la retourner, continuer à l'arroser pour que jamais elle ne sèche. Mettre le feu au minimum afin que la côte cuise doucement – à cause de l'épaisseur, la cuisson va être longue. Si la sauteuse peut aller entièrement au four, la mettre 5 à 6 minutes à 180 °C, puis la retirer en faisant attention à ne pas vous brûler. Attention également à bien garder les sucs de cuisson (ce qui est collé dans le fond de la casserole). Retirer la côte et la laisser reposer hors de la sauteuse pendant 10 minutes.

2 Remettre à chauffer la sauteuse, ajouter les champignons dans le jus de cuisson et les faire revenir. Ajouter la côte, réchauffer, déglacer au porto, enlever la côte et la déposer sur une planche. Verser dans la sauteuse la crème d'Isigny, laisser réduire doucement. Couper l'os et tailler la côte en lamelles pendant ce temps.

3 Dans le plat de service, déposer les lamelles de viande avec l'os à côté, assaisonner la sauce de sel et de poivre du moulin si besoin, puis verser la sauce et les champignons sur les tranches de viande. Servir tout de suite.

Le maquereau au miso

Devenir célèbre équivaut à un choc émotionnel, un changement radical de vie qu'on ne peut pas se représenter tant qu'on n'en a pas fait l'expérience, et celle-ci est ambivalente. D'un côté, c'est une bouffée de joie que de recevoir l'amour offert par de parfaits inconnus. D'un autre côté, la célébrité, c'est l'inquiétude de se sentir constamment observé et de ne pas avoir le droit à l'erreur.

Quand j'ai constaté que mes agissements étaient relayés dans la presse, que les journalistes me demandaient régulièrement mon opinion sur des sujets de cuisine, mais aussi de société, j'ai pris mes responsabilités. Mon engagement est d'abord passé par la production d'émissions, car la télévision reste à mon avis le meilleur moyen de se faire entendre par le plus grand nombre.

Après plusieurs années de collaboration fructueuse notamment pour *Chef, la recette !*, Matthieu Jean-Toscani m'a proposé de fonder une société de création de contenus autour de la gastronomie et de l'alimentation. En février 2008, on a lancé Kitchen Factory. Notre boîte de production a d'abord grandi doucement, les chaînes de télévision étant prudentes avec les nouveaux venus, car lorsqu'elles achètent un programme à une société, elles investissent beaucoup d'argent. Au fil des années, on s'est développés et spécialisés dans la production d'émissions pointant du doigt les aberrations de l'alimentation et proposant des solutions.

En 2006, on a attaqué avec les cantines scolaires. Quand j'étais enfant dans l'Aveyron, ma cantine produisait ses propres repas, tous les élèves connaissaient le cuisinier, monsieur Mathieu, puisqu'on le voyait tous les jours dès potron-minet s'activer pour transformer des produits bruts en repas. Aujourd'hui, en France, beaucoup de cantines font appel à de grands groupes de restauration collective dont la principale motivation reste la rentabilité, au détriment de la qualité, de l'éveil au goût et de l'équilibre des repas proposés. Du point de vue des directeurs d'école, ces entreprises ont l'avantage d'être toujours opérationnelles, alors qu'un employé communal peut tomber malade ou cesser de venir travailler. Je ne trouve pas normal que la nourriture de nos enfants soit confiée à des multinationales spécialisées dans la sous-traitance de services plutôt qu'à des cuisiniers.

Après les cantines, on s'est lancés dans une émission dénonçant le gaspillage alimentaire, qui s'est conclue par un grand banquet populaire à Lille réalisé à partir de produits qui allaient être jetés. En 2015, Kitchen Factory s'est penchée sur la question des faux produits *made in France*. Ce reportage m'a mené en Inde où sont produits énormément de cornichons prétendument français. J'y ai vu des femmes en train de trimer à quatre pattes dans un champ par quarante degrés pour cueillir les petits cornichons encore immatures – arrosés d'engrais et de pesticides – qui sont ensuite transportés en bateau pendant trois longues semaines jusqu'à Dijon, où ils sont lavés à grande eau et mis en bocaux avec un drapeau bleu, blanc, rouge.

Certaines émissions m'ont fait voyager loin, mais mes préférées sont celles qui se limitent aux frontières de notre pays, comme *Le Chef en France* ou *100 % Terroir*. Je suis né et j'ai grandi en face d'un champ. Quand j'ouvrais ma fenêtre, j'avais les vaches pour seule compagnie. Aujourd'hui, je suis pétri d'amour pour notre terroir. J'aime la Méditerranée, ses bords de mer, ses falaises, son soleil, la cuisine de la Riviera avec les citrons de Menton, l'huile, les petites olives. Mais je suis aussi attiré par la Corse, avec ses fromages, ses agrumes, ses incroyables produits issus de la pêche et de la chasse. Je me plais aussi en Bretagne ou au Pays basque, partout où il y a une forte culture régionale, comme chez moi.

Grandir à la campagne a développé chez moi une fierté patriotique et une profonde sympathie pour ceux qui travaillent et préservent notre terre. C'est eux que j'aime rencontrer et mettre à l'honneur dans nos émissions. Voir comment ces hommes et ces femmes vivent, fabriquent, élèvent, pêchent et cultivent approfondit ma culture des produits et du terroir. J'ai eu la chance de ramasser des moules de la baie du Mont-Saint-Michel, de visiter les caves à comté de Marcel Petite, de fabriquer du roquefort dans l'Aveyron, de pêcher le bar de ligne à la pointe du Raz.

Un jour, j'ai suivi le quotidien de pêcheurs de langoustines en haute mer. Quitter son lit douillet à quatre heures du matin qu'il pleuve, qu'il vente ou qu'il neige pour se mettre dans l'eau glacée, sentir le froid transpercer son corps, garder les mains immergées pendant des heures, relever les filets… Prendre conscience de l'abnégation que certaines tâches requièrent m'a empli de respect pour ceux qui les accomplissent. Depuis, je ne regarde plus les langoustines de la même manière. Quand je les prépare, je m'impose d'être à la hauteur de ces courageux pêcheurs qui donnent un sens à ma cuisine.

En France, nous ne protégeons pas assez nos paysans qui souffrent parce qu'ils subissent de plein fouet la concurrence de productions étrangères pas chères et promptes à inonder le marché. Les charges sont plus élevées ici, ils ne peuvent pas aligner leurs prix sur ceux des tomates marocaines ou des courgettes espagnoles. Quand j'ai besoin de poireaux, je vais les acheter à un agriculteur de Rambouillet plutôt qu'à un grossiste hollandais. Dans mes pâtisseries, je travaille avec de la crème, du lait, des œufs, du beurre produits par des paysans français. Je suis fier d'acheter français, et je suis désespéré de voir que le système est ainsi fait qu'il est plus avantageux pour un restaurateur de faire venir des légumes qui poussent à deux mille kilomètres de chez lui plutôt que de favoriser la production locale. Si on veut que la France continue d'être une terre agricole, il faut assumer de devenir locavore.

Dans mes restaurants, je respecte des principes de base : les produits, essentiellement locaux, sont de saison et issus de l'agriculture raisonnée ou bio. J'importe ce qu'on ne trouve pas ici. La presse française a tendance à critiquer les prix pratiqués par les restaurateurs, souvent jugés trop élevés. Mais le vrai débat, c'est : combien coûte un bon produit ? Préfère-t-on un poisson d'élevage ou un poisson sauvage ? Et ce n'est pas parce que la matière première est bonne que l'addition doit flamber. On peut choisir des produits qui ne sont pas considérés comme nobles, comme le maquereau de ligne issu de la pêche responsable. Gratiné au miso, avec du sésame, c'est délicieux.

Quand je propose des frites, elles ne sont pas surgelées, mais faites maison, à la minute. Mon ris de veau est français, et quelle que soit l'adresse où je le sers, je prends la meilleure qualité. Pour fabriquer mes sushis au Bar des Prés, j'utilise du riz japonais, alors que je pourrais me contenter de grains californiens ou italiens qui sont moins onéreux. Si je fais un croque-monsieur, je prends du jambon Prince de Paris façonné à la main, préparé avec une saumure au sel de Guérande, plutôt qu'une charcuterie industrielle pleine de nitrites.

Que notre visage apparaisse ou non à la télé, être chef, c'est déjà endosser une immense responsabilité : lorsqu'on nourrit un client, on passe un contrat de confiance avec lui. L'alimentation, n'est pas qu'une affaire de goût, mais aussi de santé. On sait aujourd'hui que l'on peut épuiser son corps, voire l'achever, à force de négliger la qualité des produits que l'on ingère. Je prends soin de moi en me nourrissant bien. Je ne peux pas réserver un autre traitement à mes clients.

Les crêpes au rhum

L'été dernier, je passais quelques jours de vacances dans le Sud chez ma sœur. Alors que j'ai fait le choix d'une existence aux antipodes de celle de mes parents, Céline a recréé une vie de famille semblable à celle que nous avons connue dans notre enfance. Elle a embrassé le même métier que maman, infirmière, et mène de front avec une énergie qui semble héréditaire l'éducation de ses trois enfants et sa carrière aux urgences pédiatriques d'un CHU. Quand je vais chez elle, je suis toujours impressionné par sa faculté à s'occuper de chacun et à créer un foyer convivial. À chacune de mes venues, mon beau-frère prend la peine de me cuisiner une côte de bœuf, mes neveux et nièces se chamaillent pour savoir qui me beurrera ma tartine. En dessert, la dernière fois, ma sœur avait préparé des crêpes.

On plaisantait à table, on avait bu quelques verres et je n'étais pas particulièrement attentif à ce que j'étais en train de manger. Lorsque j'ai senti la pâte à crêpes moelleuse sur ma langue, le temps s'est arrêté, j'ai été parcouru d'un frisson : ce goût, je le reconnais entre mille, c'est celui des crêpes de maman. J'ai demandé à Céline d'où venait sa recette, et elle m'a confirmé qu'elle venait du cahier de recettes maternel. « C'est celle où elle rajoutait un petit bouchon de rhum. »

Quelques mois plus tard, un dimanche après-midi d'automne à Paris, j'ai eu envie de préparer des crêpes. D'ordinaire, je me tiens éloigné de tous les témoins de mon bonheur perdu : je n'ai pas voulu garder le cahier de recettes de maman, je n'ai jamais voulu reproduire sa bûche roulée à Noël. Et pourtant, ce jour-là, j'ai envoyé un message à ma sœur pour lui demander de partager la recette des crêpes au rhum. La réponse est arrivée sous la forme d'un cliché, une photographie de la page du cahier de maman. Revoir son écriture, les lettres tracées au stylo noir qu'elle utilisait toujours pour remplir son carnet m'a fait un choc.

Ce souvenir en a appelé un autre, je me suis remémoré l'existence d'un échantillon de sa graphie sur une carte postale que j'ai longtemps gardée dans ma cuisine. Maman me l'avait envoyée à l'époque où j'étais chef à La Suite, et me remerciait pour « le dîner de grand chef » que je lui avais offert. C'était un clin d'œil à une promesse que j'avais faite alors que j'étais encore au lycée hôtelier. « Je révolutionnerai la gastronomie française et je serai le chef de l'an 2000 », avais-je modestement écrit sur une carte d'anniversaire que je lui destinais.

Ce serment juvénile était moins dicté par l'ambition – d'autant plus qu'à l'époque, elle se résumait à passer du bon temps avec les copains – que par la volonté de m'engager solennellement auprès de maman, lui prouver qu'elle se trompait sur mon compte.

En plus de me trouver velléitaire, maman estimait que venant d'une famille classique, j'aspirais à des choses trop extraordinaires, inaccessibles. « On ne t'a pas élevé comme ça Cyril. Tu auras une maison, une femme, des enfants, et un chien. Tu travailleras pour gagner ta vie », me répétait-elle. Quand ma carrière a pris son envol, elle était fière de moi, mais elle aurait été aussi satisfaite si j'avais été cuisinier dans un restaurant modeste de l'Aveyron. Et elle n'avait pas moins d'admiration pour le travail d'infirmière de ma sœur.

Juste après que j'ai acheté Le Chardenoux, maman m'a averti : « Tu sais Cyril, tu as passé un cap. S'il t'arrive quelque chose, on ne pourra plus assumer derrière, on n'aura pas les moyens de t'aider. » Je me souviens très bien de cette scène, qui a eu lieu un soir aux alentours de Noël où j'étais descendu dans l'Aveyron. Maman était montée dans ma chambre pour me dire bonne nuit – quel que soit mon âge, quand je rentrais à la maison, elle venait toujours m'embrasser avant de dormir. Et elle avait eu ces paroles empreintes de bienveillance, d'amour, et qui témoignaient aussi de la confiance qu'elle me portait désormais.

Quand maman venait à Paris, j'aimais lui faire mener la grande vie. Elle déjeunait dans un de mes restaurants, l'après-midi, on se baladait à Montmartre, on visitait le Sacré-Cœur, on faisait un crochet à la pâtisserie pour grignoter un Équinoxe, et le soir, on testait de belles adresses ensemble. Je les ai emmenés, mon père et elle, dîner à la tour Eiffel, je leur ai réservé une nuit à l'hôtel Meurice pour qu'ils dorment comme des rois, en face du jardin des Tuileries.

Mes parents n'aimaient pas les cadeaux matériels, mais je me suis quand même permis de remplacer leur éternelle Renault. J'avais acheté une berline confortable à Paris et j'étais descendu avec jusqu'à Rodez. Quand ma mère a découvert la voiture que j'avais cachée dans le garage, elle a répété qu'elle n'en voulait pas. Mon père, un peu moins rigoriste, l'a essayée ; maman a fini par s'installer à côté de lui sur le siège passager. C'est une image d'eux qui m'est restée en mémoire : qu'est-ce qu'ils étaient touchants tous les deux dans l'habitacle, lui à manipuler le volant, elle inspectant la boîte à gants avec circonspection !

En 2013, j'avais le projet d'ouvrir un petit restaurant à New York qui me permette de me frotter à la clientèle locale et de me sentir vraiment à ma place de l'autre côté de l'Atlantique. J'avais commencé à visiter des locaux, et plus j'en voyais, plus les idées se bousculaient dans ma tête. Le champ des possibles me semblait infini, et j'avais l'impression qu'à trente-cinq ans, j'allais pouvoir ouvrir un nouveau chapitre de ma vie, plus excitant encore que tout ce que j'avais pu entreprendre auparavant. Début 2014, l'avion qui me ramenait aux États-Unis venait de se poser sur le tarmac de l'aéroport Kennedy quand j'ai reçu un message m'avertissant que maman avait eu un AVC.

Je me souviens de l'étrange sensation que j'ai éprouvée sur mon siège, une vive douleur dans la poitrine comme si on m'avait frappé. Mes yeux se sont perdus dans le vague, l'angoisse a inondé mon esprit incapable d'évaluer les conséquences précises de cette inquiétante nouvelle. Maman avait été diagnostiquée d'une maladie cardiaque il y avait un moment, mais on l'avait bien soignée. Les médecins ne semblaient plus inquiets. Jusqu'à maintenant. Je suis monté dans le premier avion pour Paris.

Maman a disparu six mois plus tard. Elle est venue se faire soigner à Paris et a vécu dans mon appartement. Moi qui ai quitté la maison jeune, à vingt ans, j'étais tellement heureux de renouer avec le passé, de l'avoir à mes côtés, de profiter de sa présence au quotidien comme je n'avais pas eu l'occasion de le faire depuis si longtemps. Ces moments partagés ont été lumineux, empreints de douceur. Il me semblait chaque jour plus invraisemblable qu'elle puisse nous quitter. Jusqu'au dernier moment, j'ai cru à sa rémission. Elle ne m'a jamais détrompé. J'imagine qu'au fond, elle savait. Mais elle n'a rien laissé paraître. Et elle a fait le choix de passer ses derniers jours près de moi.

Le bonheur vécu ensemble a rendu la fin plus dure encore. Sa disparition a laissé un gouffre béant impossible à combler ; seules demeuraient l'incompréhension, l'insurrection contre cette idée absurde que j'étais privé d'elle à jamais, que le destin me l'avait dérobée alors qu'elle n'avait que cinquante-six ans et la vie devant elle. Les heures, les jours, les semaines, les mois suivants n'ont été qu'un long cheminement pour apprendre à survivre, accepter l'inacceptable : que la vie ne serait jamais plus comme avant, qu'il n'y aurait plus de Noël avec elle, plus de vacances, plus d'anniversaires, plus rien.

Sa disparition a sonné le glas de mes projets new-yorkais. Orphelin, j'étais incapable de m'arracher à la France, de quitter la terre où elle avait été ensevelie. Désormais, quand je rentre dans l'Aveyron, je vais toujours voir maman à Naussac, un petit village à côté de Decazeville. J'aime la route sinueuse qui m'y mène depuis Rodez. Enfant, je la parcourais assis sur la banquette arrière de la Renault de mes parents pour aller fleurir les tombes de mes grands-parents. Maintenant, je me laisse conduire par Cédric, mon meilleur ami, et je profite des grands paysages aux dégradés émeraude. Quand on arrive, je pose un bouquet de roses pour maman, je m'assois, je reste là, en silence avec elle.

La pizzetta thon-wasabi

Après la disparition de maman, je me suis réfugié dans le travail, qui a toujours été un point d'ancrage dans ma vie. Depuis plus de vingt ans, j'y consacre mes journées, une partie de mes nuits et il déborde largement sur ma vie privée sans que cela ne me gêne : je ne le ressens pas comme une contrainte.

Le matin de bonne heure, je fais souvent un tour à la pâtisserie pour saluer les boulangers qui ont trimé toute la nuit. Je suis toujours émerveillé quand je vois la montagne de baguettes dorées sortir du four, escortées par des chocolatines dodues et des brioches moelleuses. Après cette visite qui me fait toujours l'effet d'être Charlie à la chocolaterie, je peux embrayer sur un rendez-vous de deux heures avec un producteur qui me présente sa côte de bœuf. Je retrouve mon chef japonais au Bar des Prés pour discuter des nouvelles orientations de la cuisine ; j'en profite pour passer aux Prés goûter un nouveau plat élaboré par Aude Rambour, ma cheffe exécutive depuis dix ans. Je déjeune sur le pouce avec Laurence, mon bras droit, on parle de nouveaux projets avec David, mon associé depuis mes débuts, puis je rejoins Benoît au labo de pâtisserie pour imaginer les desserts de la Saint-Valentin. Le soir, je suis souvent dans mes restaurants, il n'y a que sur le terrain qu'on peut se rendre compte de leur fonctionnement. J'aime sentir l'ambiance et discuter avec les clients.

Somme toute, j'ai du mal à employer le mot « travail » pour définir cette addition de moments plaisants qui remplissent mon quotidien. J'ai plutôt l'impression d'être assez chanceux de pouvoir me consacrer à temps plein à ma passion, qui se résume à un mélange équilibré de cuisine et d'entrepreneuriat. Cette vie n'est évidemment pas exempte de déceptions, de moments difficiles et de problèmes à régler, mais la joie de retrouver mes équipes, rencontrer des producteurs, des artisans et des clients l'emporte toujours. Quand je pense que mon « travail » consiste à bâtir des projets capables de créer de l'emploi et de donner du bonheur aux clients, je ne vois pas comment je pourrais me plaindre.

Dans mon quotidien où tout tourne autour des restaurants, le tournage des émissions est une respiration, peut-être même une récréation, qui m'occupe quelques semaines par an. *Le Meilleur Pâtissier*, que Kitchen Factory produit pour M6 depuis huit ans, est devenu au fil du temps une parenthèse enchantée. Chaque printemps, au rythme de quatre jours par semaine pendant deux mois, je pose ma valise dans un très beau château des Yvelines. Là-bas, j'ai le plaisir de retrouver Mercotte et toute l'équipe technique avec qui je collabore depuis quinze ans pour toutes mes émissions. Les prises de vues ont des airs de réunion de famille.

Avant mon accident de scooter, passer autant de temps hors de mes restaurants m'angoissait. Maintenant, j'arrive à voir ces escapades comme une opportunité : en m'éloignant du cœur du réacteur, j'ai les idées plus claires, l'esprit plus disponible pour réfléchir à ce qu'il faudrait changer, comment me projeter dans l'avenir. Lors d'une journée sur un plateau, il faut être constamment disponible, mais on alterne des séquences face caméra où il faut être très concentré et de longs temps morts, à attendre que les candidats terminent une épreuve de trois heures, ou que les cadreurs réinstallent leur matériel.

La journée s'achève le soir vers dix-neuf heures ; alors, je rentre dans la chambre qu'on m'a aménagée au château, je sors mon ordinateur, commence à noter des idées pour une nouvelle carte, un projet à venir. Récemment, la renaissance du Quinzième que j'ai fermé en juillet 2019 m'a beaucoup occupé. Le nouveau projet s'appelle Ischia, comme l'île située en mer Tyrrhénienne, au nord du golfe de Naples. De même que le Bar des Prés réinterprète le Japon, Ischia donnera sa version de l'Italie.

Je n'ai pas la prétention de faire une trattoria ou une *osteria* dans les règles de l'art transalpines. Les enseignes italiennes à Paris sont innombrables ; ma seule valeur ajoutée possible, c'est de proposer une Italie unique, qui me ressemble. Mon *ristorante* de rêve sera baigné d'une lumière tamisée ; installé à de belles tables nappées, on y boira un bellini comme à Capri avec un nuage de pêche et des graines de vanille. Il y aura des focaccias généreuses fabriquées dans nos boulangeries, des carpaccios fondants, de solides classiques comme le *vitello tonato* et des créations plus aventureuses. J'ai en tête une pizzetta au thon et wasabi dont je sens qu'elle a le potentiel de faire un carton… et qu'elle va aussi faire dresser les cheveux sur la tête de mon chef sicilien plutôt attaché aux traditions.

Lancer une enseigne italienne aujourd'hui n'est pas un pari facile : la concurrence est rude et je n'ai aucune légitimité particulière à m'emparer de cette cuisine. J'aurais pu reprendre une formule qui marche, créer une annexe du Chardenoux ou des Prés, mais je préfère partir à l'aventure car la difficulté me stimule. On m'a souvent proposé de poser mon nom sur des restaurants que l'on aurait disséminés et dupliqués dans toute la France. Mais quel intérêt pour moi ? Il n'y a rien d'excitant dans un tel projet, hormis la perspective de gagner de l'argent, mais ce n'est pas ce après quoi je cours.

Ma vie professionnelle, c'est mon terrain de jeu. Je rêve de bars à cocktails, comptoirs à sushis ou trattorias hors cadre que j'essaie de traduire en lieux uniques, avec les moyens dont je dispose. Chaque ouverture me donne l'occasion de développer de nouvelles idées, réfléchir à des moyens de m'améliorer. J'ai quarante-deux ans, et j'ai envie d'apprendre ; je ne veux pas me contenter de ce que je sais déjà faire.

En ces temps difficiles, où l'optimisme semble s'être dissipé dans le brouillard d'un avenir incertain, j'aimerais que mon parcours serve d'exemple. J'étais un mauvais élève, j'ai redoublé deux fois, le CM2 et la quatrième, personne ne misait sur moi. Aujourd'hui, mon travail me procure un bonheur sans égal, un salaire important, et un entregent qui me donne l'occasion de voir de belles choses, de rencontrer de grands architectes, des philosophes, des économistes, des gens qui ne sont pas de mon monde. Il ne faut pas avoir honte de ses origines, si modestes soient-elles, mais oser avoir de grandes ambitions, et tout mettre en œuvre pour les réaliser.

La télévision a accéléré mon accession à un restaurant à mon nom, mais elle ne m'a pas délivré des heures de labeur nécessaires pour m'imposer en tant que chef ou pour durer dans le milieu de l'audiovisuel qui n'est pas tendre. Je me suis donné sans compter, j'ai pris des coups car j'ai pris des risques, je suis tombé, je me suis relevé. Chaque projet qui s'étiolait, je l'ai revu jusqu'à ce qu'il fonctionne, à l'instar de cette pâtisserie de la rue du Dragon que j'ai transformée en bar à cocktails en novembre 2019. Je n'ai jamais cessé de me remettre en question.

Ischia, ma future enseigne italienne, fera couler de l'encre, il y aura des critiques sur la manière dont je dénature la cuisine transalpine. Quoi qu'il arrive, je vais réaliser ce projet à ma façon, créer un lieu où j'ai envie de me rendre tous les jours. Et je l'améliorerai sans cesse, jusqu'à ce qu'il devienne le restaurant de rêve de mes clients.

Postface

J'ai rencontré Cyril Lignac pour la première fois en 2015. À l'époque, j'étais journaliste à *Libération*. Le quotidien, pourtant prompt à repérer les électrons libres qui changent l'air du temps, ne lui avait pas encore consacré de portrait de fond, seulement des critiques de ses émissions et de ses restaurants depuis qu'il s'était fait connaître dix ans auparavant.

Me rendant au Quinzième, je me suis demandé sur qui j'allais tomber. Au vu de son parcours, j'imaginais Cyril un peu roublard, pressé, aguerri à l'exercice de l'interview. Le genre de personnage à qui la télé a donné de l'assurance et sa célébrité la volonté de garder ses distances.

Cyril a déjoué mes attentes. Je l'ai trouvé disponible, modeste, inquiet de savoir ce que j'avais pensé du repas. Pendant l'entretien, j'avais l'impression qu'il taisait une information importante, qu'il n'osait ou ne voulait exprimer. Finalement, quand j'ai abordé la question, il m'a parlé de sa mère, décédée un an auparavant. De la manière dont ce deuil avait altéré sa vie.

Lors de cette interview où Cyril m'est apparu sensible et sincère, puis lors de nos fréquentes rencontres les années suivantes, j'ai aussi pris conscience de son statut atypique dans la gastronomie française. Il a apporté un bouleversement majeur en la transformant en activité télégénique créatrice de vocations. Depuis 2005, l'engouement pour le métier de cuisinier/pâtissier n'a cessé de croître, et Cyril Lignac n'y est pas étranger. Cette prise de position ne lui a pas valu que des amitiés : en même temps qu'elle l'a rendu populaire aux yeux des Français, elle l'a coupé d'un certain nombre de chefs qui considéraient que la cuisine était une affaire trop sérieuse pour être filmée.

Ne pas avoir été intégré à la coterie gastronomique hexagonale l'a forcé à se bâtir une carrière singulière, en marge. Cyril a osé la télé, a travaillé pour des célébrités issues de l'univers de la nuit, comme l'ex-couple Guetta, mais il s'est aussi formé auprès de sommités comme Pierre Hermé ou Alain Passard, que le monde de la gastronomie vénère sans réserve. Il a créé une marque de pâtisserie très traditionnelle quand l'époque réclamait plutôt des bijoux sucrés. À l'inverse, ses restaurants se sont affranchis des conventions et proposent une offre assez unique dans le biotope parisien.

Parmi les habitués, on y croise des couturiers, des actrices, des mannequins, des patrons, des femmes politiques. Et en même temps, Cyril Lignac est toujours ce cuisinier souriant qui continue de faire rêver deux millions et demi de Français lors de chaque épisode de son émission *Le Meilleur Pâtissier*. Et d'éveiller leur conscience avec des reportages consacrés au gaspillage alimentaire ou au sort des agriculteurs.

Quand je lui ai parlé de ce projet d'écriture, Cyril Lignac n'avait pas très envie de confier sa vie, toute extraordinaire qu'elle soit. Par pudeur, parce qu'avec les années, il a appris à se taire pour ne pas donner du grain à moudre à ceux qui l'ont critiqué ou à la presse people qui se repaît des détails insignifiants de sa vie. Et parce qu'à quarante-deux ans, il se trouvait aussi trop jeune pour mériter un livre. Mais ce n'est pas une question d'âge. Même s'il arrête de travailler demain, Cyril Lignac aura plus marqué l'histoire de la gastronomie française que beaucoup d'autres de ses contemporains. Il était temps de raconter comment.

Elvire von Bardeleben

Remerciements
d'Elvire von Bardeleben

Je voudrais dire toute ma gratitude à Salomé Viaud, qui m'a fait confiance et a rendu ce projet possible. Et à Dandy, pour son indéfectible soutien et le bonheur au quotidien.

Table

MIXTE
Papier issu de
sources responsables
FSC® C003309
FSC
www.fsc.org

L'Éditeur de cet ouvrage s'engage
pour la préservation de l'environnement
et utilise du papier issu de forêts gérées de manière responsable.

Imprimé en France par CPI
en février 2020

N° d'édition : 59813/01 – N° d'impression : 3037820
Imprimé en France